Meine Balkon- und Gartenküche

Obst

Pflanzen, ernten & genießen

compact via

compact via ist ein Imprint der Compact Verlag GmbH

Text: Iris Hammelmann (S. 3–48)
Chefredaktion: Evelyn Boos
Redaktion: Anja Fislage
Produktion: Johannes Buchmann
Titelabbildungen: StockFood (u.), fotolia.com/Harald Lange (o. li. u U4), fotolia.com/Printemps (o. re. u. U4)
Layout: h3a GmbH, München
Umschlaggestaltung: h3a GmbH, München

ISBN 978-3-8174-9202-2
381749202/1

Besuchen Sie uns im Internet: www.compact-via.de

Vorwort

Wie herrlich, im Sommer ein paar Erdbeeren zu pflücken oder Himbeeren direkt vom Strauch zu naschen! Wie wunderbar, Äpfel oder Pflaumen zu ernten, wenn der Herbst vor der Tür steht. Obst aus dem eigenen Garten oder vom Balkon ist ein Geschenk der Natur und ein Hochgenuss. Gesund sind die frischen Früchtchen obendrein. Wenn Sie es geschickt anstellen, haben Sie durch die richtige Lagerung oder fachgerechtes Konservieren das ganze Jahr über etwas davon.

Dieses Buch zeigt Ihnen, was zu beachten ist, wenn Birne oder Kirsche im Garten oder Kübel gedeihen sollen. Welches Plätzchen mag welche Sorte am liebsten? Wie viel Pflege benötigen Orange, Stachelbeere und Co.? Machen Sie sich mit den häufigsten Krankheiten und Schädlingen vertraut, um als „Pflanzendoktor" schnell eingreifen zu können. Außerdem erfahren Sie, wie aus einem Bäumchen bald zwei werden, was in der kalten Jahreszeit zu tun ist, wie die Früchte am besten verarbeitet und aufbewahrt werden.

Ergänzt wird das Ganze durch 29 Obstporträts. Diese helfen Ihnen, sich Ihren ganz individuellen Obstgarten zusammenzustellen. Schwärmen Sie für Zitrusfrüchte? Ist Kernobst Ihr Favorit? Oder ziehen Sie doch Nüsse und Beeren vor? Die Vielfalt ist groß. Das gilt auch für den Spaß, den Sie haben werden. Anbau, Pflege, Ernte und Verarbeitung sind nämlich keine Arbeit, sondern machen richtig Freude. Und die Rezepte im zweiten Teil des Buches sorgen für eine köstliche Belohnung.

Viel Spaß und guten Appetit!

Obst aus dem Garten und vom Balkon

Text: Iris Hammelmann (S. 3–48)
Titelabbildungen: StockFood (u.), fotolia.com/beerfan (o. li. u. U4),
fotolia.com/bratwustle (o. re. u. U4)
Umschlaggestaltung: h3a GmbH, München
Typografischer Entwurf: h3a GmbH, München

ISBN 978-3-8174-9224-4
381749224/1

Kirsche oder Birne neben Birne stehen. Besser ist es, die verschiedenen Arten zu mischen, also eine Kirsche neben den Apfel und die Aprikose neben die Birne zu stellen. Damit senken Sie das Risiko, dass Krankheiten oder Schädlinge sich von einer Pflanze zur anderen ausbreiten. Ganz nebenbei werden auf diese Weise die Nährstoffe des Bodens optimal genutzt.

Ein weiterer Punkt ist die Erntezeit. Bei pfiffiger Planung können Sie nahezu das ganze Jahr über Obst pflücken. Es gibt nämlich Apfel- und Birnenarten, die im Winter reif sind. Von April bis Juni sind Erdbeeren und Stachelbeeren sowie einige Süßkirschen und Pflaumen an der Reihe. Bis September hängen dann die meisten Beerenfrüchte, Kirschen und einige Pflaumen prall an Baum oder Strauch. Diese Zeiten schon beim Anlegen des Gartens zu berücksichtigen, hat zwei Vorteile. Sie können sich beinahe ununterbrochen mit frischem Obst versorgen. Und Sie verteilen den Arbeitsaufwand des Abnehmens und Verarbeitens ein wenig und sind nicht innerhalb weniger Tage mit Ihrer gesamten Jahresernte konfrontiert.

Lage

Wählen Sie, wenn möglich, windgeschützte Plätze aus. Vielleicht bietet das Nachbarhaus guten Windschatten, oder es sind andere hohe Bäume vorhanden, die starke Böen abfangen. Allerdings sollte der Obstgarten nicht komplett vor Wind geschützt sein, denn sonst haben es Krankheiten und Schädlinge leichter, sich im Geäst zu halten. In Senken hält sich der Frost oft länger, das gilt auch für sehr schattige Orte. Spätfrost aber mögen die meisten Arten nicht.

Aus Säulen- oder Spalierobst lässt sich eine wunderbar ertragreiche Hecke anlegen. Dafür benötigen Sie eine Hauswand oder setzen einen Zaun. Besonders für kleine Flächen bietet sich das an. Pro m² lässt sich hier viel mehr Köstliches erwirtschaften als auf großen Bäumen. Nicht selten kann man schon ab dem zweiten Jahr auf Ernte hoffen, was ein weiterer Vorteil ist.

Ein Blick in Nachbars Garten

Bevor Sie großzügig Pflanzen kaufen, lohnt ein Blick zum Nachbarn. Da Klima- und Bodenbedingungen ähnlich sein dürften, können Sie davon ausgehen, dass auch bei Ihnen wächst, was bei ihm gedeiht. Außerdem benötigen einige Obstsorten – Äpfel gehören dazu – Befruchtungspartner.

Boden

Für alle Bäume kann man sagen: Sie lieben einen fruchtbaren Boden voller Nährstoffe, der gut die Feuchtigkeit speichern kann. Weder gedeihen sie besonders gut auf sandigem Boden, der rasch austrocknet, noch mögen sie es, wenn sich Staunässe bildet, wie etwa in Lehmböden. Humose Lehmböden bieten dagegen, was ein Obstbaum mag. Ganz wichtig ist auch, dass es bis in eine Tiefe von mehreren Metern möglich ist, Wurzeln zu schlagen und sich auszubreiten.

Wenn Sie den richtigen Standort gefunden haben, können Sie Ihren Baum pflanzen. Achten Sie darauf, Ihre Bäume und Sträucher nicht zu dicht zu pflanzen.

Auch der pH-Wert des Bodens ist zu berücksichtigen. Er sollte im leicht sauren Bereich liegen, da die meisten Arten am besten bei einem pH-Wert zwischen 5,5 und 7,5 gedeihen. In der Apotheke bekommen Sie für wenig Geld einen Streifen Lackmuspapier mit einer Farbskala. Bevor Sie mit der Anlage beginnen, testen Sie einfach den Wert des Bodens.

Worauf Sie achten müssen
Wenn Sie einen kleinen Obstbaum erstehen, achten Sie unbedingt darauf, dass die Rinde gesund aussieht. Ebenfalls wichtig ist ein gerader Wuchs. Nicht zuletzt sind kräftige Wurzeln sowie zahlreiche verzweigte kleine Seitenäste wichtige Merkmale für einen gesunden Baum.

Abstand

Einer der häufigsten Fehler beim Gärtnern ist es, Bäume und Sträucher am Anfang zu dicht zu pflanzen. Kein Wunder: Junge Pflänzchen wirken zunächst ein wenig verloren, und die Fläche soll gleich zu Beginn schön aussehen. Bei Nutzarten kommt hinzu, dass man natürlich auf eine möglichst große Ernte hofft. Also lieber noch ein Bäumchen mehr gesetzt? Nein! Denn wenn Obstbäume zu dicht stehen, nehmen sie sich gegenseitig Licht und Nährstoffe weg. Das führt nicht nur zu wenig und kümmerlichem Ertrag, sondern begünstigt auch das Entstehen von Krankheiten. Nur wenn die Krone sich voll entwickeln kann, werden Sie dafür mit vielen gesunden und köstlichen Früchten belohnt.

Man unterscheidet zwischen dem kleinwüchsigen Buschbaum, Spindelbusch, Spalier, Halb- und Hochstamm.
Als **Buschbaum,** auch Niedrig- oder Viertelstamm, bezeichnet man Obstbaumveredelungen auf mittelstark wachsenden Unterlagen aller Obstsorten. Je nach Schnitt werden sie zwischen 3 und 4 m hoch und benötigen rund 12 m² Platz. Setzen Sie sie in Abständen von 3 bis 4 m.
Bei **Spindelobst** handelt es sich um Veredelungen auf schwach wachsenden Apfel- oder Birnenwildlingen. Besonders für den kleinen Garten sind die etwa 2 bis 3 m hoch werdenden Bäumchen geeignet. Sie brauchen rund 10 m² Fläche und sollten im Abstand von 3 m gesetzt werden.
Spalierobst lässt sich sowohl aus Busch- als auch aus Spindelbäumen machen. Die Zweige werden an der Hauswand oder einem speziellen Gestell in eine gewünschte Form gezwungen, sodass sich mehrere Exemplare beispielsweise zu einer Hecke verbinden. Wollen Sie einzelne Spalierbäume haben, halten Sie einen Pflanzabstand von 3 bis 4 m ein. Soll eine Hecke entstehen, dürfen Sie die einzelnen Pflanzen deutlich dichter setzen.
Veredelte Obstbäume auf stark wachsenden Sämlingsunterlagen nennt man **Halbstamm.** Bis zu 12 m hoch kann so ein Exemplar werden. Es benötigt leicht 20 m² Fläche. Wollen Sie mehrere Halbstämme nebeneinander setzen, lassen Sie bitte jeweils 7 m Platz.
Der **Hochstamm** entspricht im Grunde dem Halbstamm, bekommt aber, wie der Name schon sagt, einen höheren Stamm. Lassen Sie daher lieber 8 m zwischen den einzelnen Bäumen frei und rechnen Sie mit einem Platzbedarf von rund 25 m². Klar, dass diese Form für große Gärten gedacht ist. Auch für Streuobstwiesen ist sie ideal.

Obstanzucht auf dem Balkon

Nicht jeder ist stolzer Besitzer eines Gartens. Das bedeutet noch lange nicht, dass derjenige auf Früchte aus eigenem Anbau verzichten muss. Wenn Sie einen Balkon haben, können Sie auch zum Obstgärtner werden. Das wussten übrigens schon die alten Griechen und Römer. So gibt es Arten, wie etwa die Feige, die im freien Land jede Menge Energie in das Wachstum ihrer Wurzeln steckt. Im Topf bleibt ihr gewissermaßen nichts anderes übrig, als die Kraft lieber in die Früchte zu stecken. Ein höherer Ertrag ist zu erwarten.

Gefäße

Bei der Wahl der Pflanzgefäße sind Ihrer Fantasie keine Grenzen gesetzt. Das gilt für Form, Farbe und Material. Besonders schön wird der Balkon beispielsweise, wenn Sie alle Töpfe und Schalen aus

Auch auf dem Balkon können Sie verschiedene Obstsorten anpflanzen und ertragreich ernten.

Ton nehmen, dabei aber die Größen und Formen variieren. Oder Sie entscheiden sich für eine Farbe, die dominiert, und kombinieren dann verschiedene Materialien. Ist ein Balkongeländer vorhanden, können Sie auf einen passenden Stil achten. Bedenken Sie auch, welche Farbe die Hauswand hat. Ob Holz, Ton, Plastik oder Metall, ist reine Geschmackssache. Allen Gefäßen ist gemeinsam, dass sie Löcher haben müssen, durch die überschüssiges Wasser abfließen kann, damit keine Staunässe entsteht. Für den Anfang bzw. für kleine Sorten sind Sie mit Exemplaren gut bedient, die 15 bis 20 l aufnehmen. Kann sich die Wurzel nicht weiter ausbreiten, sollten Sie den Busch- oder Spalierbaum umtopfen. Gönnen Sie ihm dann ein Zuhause mit rund 30 l Erde. Alternativ können Sie die Krone und die Wurzel kräftig zurückschneiden. Dann kann er sich erneut in seinem kleinen Lebensraum entwickeln.

Hitze- und Kälteschutz

Ob Wanne, Tonne oder Topf – wenn das Gefäß mit einer dünnen Styroporschicht ausgekleidet wird, sind gerade die Wurzeln seines Bewohners besser vor extremen Temperaturen geschützt!

Damit Sie lange etwas von Ihrem Balkongarten haben, achten Sie beim Kauf darauf, ob die Kübel frosthart und rostfrei sind. Ist das nicht der Fall, müssen Sie sie im Winter ins Haus oder in die Garage holen. Ein Metallpflanzgefäß, das rostet, ist nicht schön. Hier kann ein Schutzlack Abhilfe schaffen.

Erde

Eigentlich gilt für die Erde im Topf das Gleiche, was auch im Garten wichtig ist. Die Erde muss Nährstoffe enthalten und gut speichern können. Auch Feuchtigkeit sollte sie nicht gleich verlieren. Nasse Füße mag allerdings kein Obstbaum oder -strauch. Mischen Sie Lehm mit Torf oder Humus mit Sand und feinem Kies. Sorgen Sie dafür, dass der Boden schön durchlässig bleibt, damit sich die Wurzeln gut entwickeln können. Er sollte gleichzeitig schwer sein, denn gerade größere Bäume mit stattlichen Kronen kippen sonst bei Wind leicht um.

Natürlich können Sie im Fachgeschäft eine fertig gemischte Erde bekommen, die Sie für die Anzucht Ihres Obstgartens pur verwenden können. Oder Sie heben sie unter Ihre eigene Mischung, um deren Qualität zu verbessern. Das schont Ihr Portemonnaie.

Pflanzsäcke

Ungewöhnlich, aber praktisch sind bepflanzte Säcke. Sie können einfach einen Beutel mit Erde der Länge nach aufschneiden, einige Löcher in die Seiten stechen und z. B. Erdbeeren hineinsetzen. Wenn Sie das Ganze in einen alten Futtertrog oder eine alte Badewanne legen, kann diese Lösung sogar sehr dekorativ sein.

Gekaufte Erde mit einer selbst gemachten Basis zu kombinieren, kann aus einem weiteren Grund sinnvoll sein. Schließlich mag die Birne einen anderen Boden als die Heidelbeere. Wollen Sie sich gar an Exoten wie etwa Zitrusfrüchte wagen, sollte der Boden wiederum anders beschaffen sein. Letztere lieben einen Zusatz von Blähton, weil die Erde dann besonders durchlässig wird. Blaubeeren fühlen sich in saurer Umgebung wohl. Je individueller Sie auf die Bedürfnisse der jeweiligen Sorten eingehen, desto größer und schmackhafter dürfte Ihr Ertrag ausfallen. Informieren Sie sich vorab, welche Ansprüche die Sorten an den Boden stellen und mischen Sie die Erde entsprechend.

Für den Balkon und die Terrasse gibt es beispielsweise Säulenobst, das speziell für einen sehr kompakten Wuchs gezüchtet wurde.

Sorten

Für sämtliche Bäume gilt: Die Unterlage sollte nur schwach wachsen. Wenn Sie im Fachgeschäft nach Obstgehölz für Balkon oder Terrasse fragen, wird man Ihnen entsprechende Exemplare anbieten. Ausnahmen bilden die Edelsorten, die speziell für einen sehr kompakten Wuchs gezüchtet sind.

Diese benötigen eine mittelstark wachsende Unterlage. Säulenäpfel oder -kirschen sind Beispiele dafür. Der schlanke Wuchs ist ideal, um diese Pflanzen im Kübel zu halten. Einige müssen hin und wieder in Form geschnitten werden, damit sie nicht in die Breite gehen, bei anderen muss nur beizeiten die Spitze gekappt werden.

Ebenfalls toll für Topf oder Tonne sind sogenannte Duo- oder Naschbäume. Dabei handelt es sich um spezielle Züchtungen, an denen zwei oder mehr Sorten der gleichen Obstart hängen. Die Vorteile: Auf wirklich geringer Fläche wachsen zwei oder drei Apfel- oder Birnensorten, die meist zu unterschiedlichen Zeiten reif sind. Das bedeutet Vielfalt kombiniert mit mehreren überschaubaren Ernten. Dahinter steckt übrigens kein technischer oder unnatürlicher Trick, wie mancher Laie denken mag. Es werden einfach zwei oder mehr Sorten auf einen Obstbaum veredelt.
Zuletzt seien Beeren genannt, die sich als Strauch oder Stämmchen hervorragend für den Balkon eignen.

Frühe Auslese
Achten Sie bei Pflanzen, die nicht ins Freie gesetzt werden, besonders darauf, dass sie robust und wenig anfällig für Schädlinge und Krankheiten sind. Eine Topfpflanze ist immer empfindlicher als der Artgenosse im Garten.

Besonders Erdbeeren versprechen eine reiche Ernte auf kleinem Raum. Man kann sie in hängende Gefäße setzen oder in spezielle Töpfe, die mehrere kleine Aussparungen haben. Einige Arten klettern auch, sodass allein mit dieser einen Frucht ein Balkon wirkungsvoll gestaltet und ertragreich genutzt werden kann.

Standort

Für die Wahl des optimalen Standorts müssen zwei Aspekte unter einen Hut gebracht werden: Die Bäumchen und Sträucher sollen sich wohlfühlen, Sie selbst wollen es sich auf Ihrem Balkon oder Ihrer Terrasse aber auch noch gemütlich machen. Das bedeutet, Sie planen am besten, wie die gesamte Fläche ideal zu nutzen ist. Bedenken Sie dabei, dass die meisten Arten windgeschützt und sonnig stehen möchten. Überlegen Sie sich Ihre ganz eigene Architektur. Wein kann z. B. sehr gut zum Sichtschutz werden oder ein Dach bilden, unter dem Sie sitzen können. Beziehen Sie die Wuchshöhe und -art Ihrer Pflanze in die Planung mit ein.
Verwenden Sie Regale, Tische und Hocker unterschiedlicher Höhe. Damit können Sie dreidimensional gestalten. Das sieht nicht nur schön aus, Sie erreichen die einzelnen Pflanzen auch besser, um beispielsweise trockene Blätter zu entfernen, auf Schädlinge zu kontrollieren oder natürlich zu ernten.

Sicher ist sicher
Gerade wenn Sie Töpfe auf Balkonbrüstungen oder Tische stellen, müssen Sie diese unbedingt gut sichern. Trotz ihres meist hohen Gewichts können sie bei Sturm umkippen oder gar vom Balkon fallen. Gefährlich!

Pflege

Stehen Pflaume oder Kiwi im Kübel, brauchen sie mehr Dünger und müssen regelmäßiger gewässert werden als die gleichen Sorten im Freiland. Das liegt einfach daran, dass die begrenzte Erde von allein nicht so viele Nährstoffe bereitstellen kann. Außerdem ist der Wurzelballen viel kleiner und kann entsprechend weniger Wasser und Nahrung aufnehmen. Im Sommer heißt das, Sie müssen mindestens einmal täglich gießen. Ist es sehr heiß, wässern Sie lieber zweimal, und zwar morgens, bevor die Sonne richtig brennt, und abends, wenn das Gehölz im Schatten steht.

Pflegen heißt sich kümmern. Sehen Sie möglichst jeden Tag nach den Bäumen und Sträuchern. Hat es viel geregnet, können Sie durch Anheben der Töpfe oder Ausleeren von Untersetzern dafür sorgen, dass überschüssiges Wasser abfließen kann. Verblühte Abschnitte, vertrocknete oder verfaulte Blätter und Zweige werden entfernt.

Obstgehölze im Kübel benötigen mehr Dünger und Wasser als die gleichen Sorten im Freiland, da die begrenzte Erde von allein nicht so viele Nährstoffe bereitstellen kann.

Richtig gießen
Geben Sie den Pflanzen niemals in praller Sonne Wasser. Außerdem gehört das kühle Nass weder auf Blätter noch auf Blüten. Versuchen Sie lieber, die Erde nahe am Ballen zu treffen. Sonst riskieren Sie, dass Ihre Zöglinge verbrennen.

Haben Sie außerdem stets ein Auge darauf, ob Sie Veränderungen erkennen. Hat es sich ein Parasit erst gemütlich gemacht, werden Sie ihn schlecht wieder los. Das gilt auch für Erkrankungen. Darum täglich kontrollieren, dann können Sie unverzüglich eingreifen.

Düngen
Während der Wachstumsphase braucht Topfobst einmal wöchentlich eine Portion Nahrung. Achten Sie bei dem Produkt Ihrer Wahl auf die richtige Dosierung. Viel hilft nicht automatisch viel. Im Gegenteil. Tritt die Pflanze in ihre Ruhephase ein, reduzieren Sie die Frequenz. Eine Düngergabe im Monat sollte dann auf jeden Fall reichen.

Schutz vor Kälte
Frostempfindliche Arten müssen umziehen, bevor das Thermometer unter den Nullpunkt stürzt. Ein heller kühler Platz im Haus ist ideal. Winterharte Arten dürfen draußen bleiben. Stellen Sie sie am besten auf Styroporplatten, damit sie nicht zu kalte Füße bekommen. Wenn möglich, werden sämtliche Gefäße dicht an die Hauswand gerückt. Packen Sie die Töpfe mit Jutesäcken, Kokosmatten oder einfach mit genoppter Plastikfolie ein. Gegen starken Sturm müssen die wärmenden Ummantelungen gut festgebunden werden. Auch ein Dach ist von Vorteil. Ist keines vorhanden, kann man Plastikfolie stellenweise über die Erde legen, sodass zu viel Regen oder Schnee ablaufen kann. Es muss dabei aber immer genug Luft an die Pflanze gelangen, auch soll sie natürlich nicht völlig vor Niederschlag geschützt werden, da sie sonst vertrocknet. Regnet es im Winter tagelang nicht, können Sie ruhig mal wenig gießen. Aber bitte nur, wenn es nicht friert.

Auswahl der Pflanzen

Neben der Frage, welche Früchte Sie am liebsten mögen, müssen Sie bei der Auswahl darauf achten, welche Sorten für Ihren Garten am besten geeignet sind. Auf Sandboden wachsen beispielsweise Pfirsiche, Pflaumen, Strauchobst und Sauerkirschen. Auch das Klima spielt eine große Rolle. Braucht ein Apfel lange zum Reifen, benötigt er auch viel Sonne und einen langen Sommer.

Befruchtung

Viele Baum- oder Beerenobstsorten können sich selbst befruchten, benötigen also keine andere

Merksätze für erfolgreiches Befruchten

- Es gibt sogenannte Universalbefruchter. Das sind Obstbäume, die alle Sorten befruchten, die zur gleichen Zeit blühen.
- Es gibt Unverträglichkeitslisten. Fragen Sie in einer Baumschule oder im Gartencenter danach. Darin sind Sorten erfasst, die zwar gleichzeitig blühen, aber dennoch nicht zu einer Befruchtung führen.
- Voraussetzung für die Fremdbefruchtung ist eine Blütezeit, die sich zumindest überschneidet.

Pflanzen Sie in Ihrem Garten Blumenarten und Kräuter, die Nützlinge wie Bienen und Hummeln anziehen. Diese übernehmen dann das Bestäuben Ihrer Obstgehölze und sorgen auf diese Weise für deren Befruchtung.

Sorte, um aus Blüten Früchte werden zu lassen. Viele andere Sorten, dazu gehören beinahe alle Süßkirschen, Birnen, Äpfel und auch Pflaumen, sind dagegen selbststeril, wie man sagt. Das bedeutet, sie brauchen eine Fremdbefruchtung. Dazu müssen andere Sorten der selben Art in der Nähe sein.

Neben dem Wind sind es Bienen und Hummeln, die das Bestäuben übernehmen. Sie tun sich und Ihrem Garten darum einen Gefallen, wenn Sie Blumenarten und Kräuter pflanzen, die diese Nützlinge besonders gern mögen. Die frühblühende Taubnessel oder auch die Schlehe gehören dazu.

So wachsen und gedeihen die Früchte

Obstbäume und Beerensträucher pflanzen

Sie haben Ihren Obstgarten geplant, sich für Ihre Lieblingssorten entschieden und Pflanzen gekauft. Jetzt kann es losgehen. Setzen Sie nur einen Busch oder Baum, legen Sie einfach den geeigneten Platz dafür fest. Handelt es sich um mehrere Exemplare, vermessen Sie den gewählten Bereich und markieren die jeweiligen Pflanzlöcher.

Pflanzen Sie einen Baum immer zu zweit. Während einer hält, schaufelt der andere die Erde in die Grube.

Was den richtigen Zeitpunkt angeht, so ist Containerware, also ein Baum mit einem Substratballen an der Wurzel, anspruchslos. Herrschen nicht gerade Extrembedingungen wie Frost, stehende Nässe oder vollkommene Trockenheit, kann sie unabhängig von der Jahreszeit gepflanzt werden.

Ist das Bäumchen wurzelnackt, sollte es in der Ruhephase, also zwischen Spätherbst und Vorfrühling seinen Platz bekommen. Die Monate Oktober und November haben sich besonders bewährt. Der Baum wird über den Winter gewissermaßen abgehärtet und ist im Frühling, wenn er austreiben soll, bereits festgewurzelt. Direkt vor dem Einsetzen wird er bis zu zwölf Stunden mit der Wurzel ins Wasser gestellt.

Checkliste:
Dieses Werkzeug brauchen Sie!

- ☐ Spaten
- ☐ pro Baum einen Baumpfahl und -binder
- ☐ Gartenschere
- ☐ Schlauch oder Eimer
- ☐ Komposterde oder Stallmist

Einen Baum pflanzen

Bevor die Wurzeln in die Erde dürfen, sollte der Boden etwas vorbereitet werden. Hierzu wird das Unkraut möglichst lange vor dem Pflanzen gründlich entfernt. Heben Sie die Grube aus. Sie sollte etwa um ein Drittel größer sein als die Wurzel. Lockern Sie den Grund der Grube etwa spatentief auf und häufeln Sie in der Mitte eine kleine Erhöhung an, auf die später der Baum gesetzt wird. Mit einem langen Stab, den Sie über das Loch legen, kontrollieren Sie, ob die Veredelungsstelle ungefähr 10 cm über dem Boden liegen wird. Dann passt die Grubentiefe. Bevor der Baum in das Loch gesetzt wird, bohren Sie den Pfahl hinein. Er sollte rund 7 bis 8 cm westlich von der Mitte eingeschlagen werden.

Eine Liaison mit Zukunft

Haben Sie es mit einer schwach wachsenden Unterlage zu tun, wird der Pfahl viele Jahre, vielleicht für immer neben dem Baum stehen bleiben. Um ihn vor dem Verrotten zu schützen, können Sie Spitze und unteres Viertel z. B. mit einem Gasflammgerät verkohlen.

Handelt es sich um ein nacktes Exemplar, werden abgestorbene oder abgeknickte Wurzelteile weggeschnitten. Setzen Sie die Schere so an, dass der Schnitt schräg nach unten weist. Den Baum schließlich auf die angehäufelte Mitte stellen und gerade halten. Nun brauchen Sie einen Helfer: Während einer hält, schaufelt der andere die Erde in die Grube. Wenn gründlich verrottete Komposterde zur Verfügung steht, mischen Sie gern zwei Schaufeln davon unter die Pflanzerde. Der Helfer schüttelt den Stamm ab und zu leicht, damit das Material zwischen sämtliche Wurzelstränge gelangen kann. Achten Sie darauf, dass das Gehölz trotzdem gerade steht! Zwischendurch auch ruhig den Boden etwas festklopfen, bevor die nächste Schaufel in die Grube geschüttet wird. Das verhindert die Bildung von Lufteinschlüssen, die später dazu führen könnten, dass der Baum nicht genug Halt hat. Sichern Sie ihn mit dem Binder am Pfahl. Zum Schluss den Boden kräftig antreten und die entstandene Gießmulde ordentlich wässern. Bei Böden, in denen Wasser schlecht abfließt, wie z. B. Lehmböden, graben Sie von dem Pflanzloch ausgehend eine kleine Rinne, die Sie mit grobem Kies füllen. Das führt Staunässe von der Wurzel weg.

Sträucher und Beeren pflanzen

Im Grunde können Sie beim Pflanzen von Himbeer- oder Stachelbeersträuchern so vorgehen, wie beim Pflanzen eines Obstbaumes beschrieben. Einen Pfahl als Stütze braucht ein Busch allerdings nicht. Falls es Wein sein soll, ist zu beachten, dass dieser durchaus einen Halt für die Reben benötigt. Außerdem wichtig: Wein möchte seine Wurzeln beim Einsetzen ungestört ausbreiten. Das Loch muss entsprechend groß sein. Erdbeeren dagegen machen es einem leicht: ein kleines Loch buddeln, Erdbeerpflänzchen hinein, das Loch schließen und angießen – fertig. Im Gegensatz zu anderen Beerenarten sollte sie nicht immer an der gleichen Stelle wachsen. Trennen Sie Ausläufer, die sich während und nach der Erntezeit bilden und kleine Wurzelansätze zeigen, von der Mutterpflanze und legen Sie ein neues Beet an. So halten Sie die Erdbeeren gesund und kräftig, der Boden kann sich erholen.

Die richtige Pflege

Wenn Sie in der Baumschule Obstgehölz erstanden haben, sind Sie bestimmt sorgsam darauf bedacht, dass dieses lange und gesund lebt, denn Sie wissen, wie viel Geld Apfel, Pflaume & Co. kosten. Doch einmal vom Preis abgesehen, steckt auch viel Liebe in einem neu angelegten Naschgarten. Mit der gleichen Liebe sollten Sie alles dafür tun, dass Sie lange Freude daran haben.

Richtige Pflanzennahrung

Wie jedes Lebewesen brauchen auch Bäume und Sträucher Nahrung, damit sie sich gut entwickeln können. Allerdings meinen es viele Menschen zu gut und düngen viel zu viel. Das schadet oft mehr als es nützt. Beim Wässern und „Füttern" kommt es auf die richtige Dosis an.

Pflanzen in Kübeln und Töpfen müssen regelmäßig gegossen werden, Gartenbewohner können sich über ihre Wurzeln Feuchtigkeit aus dem sie umgebenden Boden ziehen und sollten nicht zu sehr verwöhnt werden.

Wässern

Verwöhnen Sie Ihre grünen Gartenbewohner auch in Sachen Wasser nicht. Wenn sie nicht gleich gegossen werden, müssen sie sich über ihre Wurzeln Feuchtigkeit aus dem sie umgebenden Boden ziehen. Während sehr heißer Wochen und in Trockenphasen wird natürlich nachgeholfen. Kübelpflanzen brauchen regelmäßig Wasser aus

Kanne oder Schlauch, da die Erde sehr begrenzt ist, aus der sie sich bedienen können. Das Substrat sollte sich ständig leicht feucht anfühlen. Mit einer Gießkanne mit Brauseaufsatz können Sie Erdbeeren und kleine Sträucher wässern. Hat der gesamte Garten Durst, sollten Sie lieber zum Schlauch greifen. Sogenannte Flachschläuche nehmen aufgerollt wenig Platz weg und sind meist sehr flexibel. Schläuche, die auch leer ihre Form behalten, haben einen größeren Platzbedarf, dafür braucht man einige Typen nicht oder zumindest nicht vollständig abrollen, wenn man gießen möchte.

Wassertonne oder -tank
Wasser ist ein Lebensmittel und sehr kostbar. Darum ist es auf jeden Fall sinnvoll, Regen aufzufangen. Eine Tonne sollte einen Wasserhahn haben, unter den eine Kanne passt. Handelt es sich um einen im Boden vergrabenen Tank, ist ein Schlauchanschluss unerlässlich.

Düngen
Wie schon gesagt, ist weniger bei der Nährstoffversorgung mehr. Wer zu viel düngt, begünstigt Schäden und schwache Ernten. Der Schnitt ist der Schlüssel zu einem reichen Ertrag.
Wenn Sie unsicher sind, können Sie alle paar Jahre Bodenproben in einem Labor untersuchen lassen. Aufgrund der Ergebnisse sind gezielte Gaben von Stickstoff, Phosphor, Kalium, Kalzium oder Magnesium möglich. Meist liegen Sie aber richtig, wenn Sie alle drei bis vier Jahre Naturdünger aufbringen. Kuh- oder Pferdemist ist ebenso geeignet wie Taubendreck. Ziehen Sie um den Baum einen Radius, der der Reichweite der Äste entspricht. Den Dünger dünn aufbringen und leicht in die Erde einarbeiten. Obstgehölz in Gefäßen braucht während der Wachstumsphase immer etwas Dünger, der Kalium und Stickstoff enthält.

Mulchen

Unter einer Mulchschicht versteht man Stroh, Rindenmulch oder auch einfach Blätter oder Rasenschnitt. In dieser Masse hält sich die Feuchtigkeit sehr gut. Außerdem finden darin Kleinstlebewesen ein Zuhause, die den Boden umgraben und schön locker halten. Besonders Beerenpflanzen haben gern eine Mulchschicht um sich herum. Sie schützt die flachen Wurzeln vor zu viel Sonne und vor dem Austrocknen. Aber auch Bäume mögen Mulch. Lassen Sie Rasenschnitt im Düngeradius um den Stamm herum liegen. Das beugt Kaliummangel vor.

Ran an die Schere

Am Anfang wird zur Schere gegriffen, um Baum oder Busch zu erziehen, also in eine bestimmte und v. a. regelmäßige Form zu bringen. Später geht es darum, durch gezielten Schnitt dafür zu sorgen, dass genug Luft und Licht in die Krone gelangt und der Ertrag gut bleibt. Da das Thema Obstgehölzschnitt allein ein Buch füllen kann, wird hier nur kurz auf den Erziehungs- und den Instandhaltungsschnitt eingegangen.

Erziehungsschnitt

Fast alle Obstarten werden in den ersten drei Jahren erzogen. Neben dem Schnitt gehört das Binden der Triebe zum sogenannten Formieren dazu.

Der richtige Zeitpunkt

Der Zeitpunkt des Schnitts hängt von der Obstsorte ab und hat Einfluss darauf, ob das Wachstum gebremst oder der Neuaustrieb angeregt wird. Informieren Sie sich darum gründlich, bevor Sie sich an die Arbeit machen.

Eine typische Kronenform ist die Pyramide. Ihr Gerüst bilden die Stammverlängerung zusammen mit drei bis vier starken Ästen, den sogenannten Leitästen, die gleichmäßig um den Stamm verteilt etwa im 45-Grad-Winkel stehen. Dieses Gerüst wird jährlich um rund zwei Drittel gekürzt, wobei alle Leitäste einer Höhe auch gleich lang geschnitten werden, sodass die Astspitzen auf einer gedachten Linie liegen. Nur die Stammverlängerung wird minimal länger gelassen.

Am Anfang dient der Erziehungsschnitt dazu, den Baum in die richtige Form zu bekommen. Später geht es darum, durch gezielten Schnitt dafür zu sorgen, dass genug Luft und Licht in die Krone gelangen.

Instandhaltungsschnitt

Etwa ab dem vierten Jahr, bei Hochstämmen auch deutlich später, können Sie dazu übergehen, die Krone nur noch in Ordnung zu halten. Das bedeutet, dass Wassertriebe, nach unten hängende Fruchtäste und zu dicht stehende Äste entfernt bzw. gekürzt werden.

Weitere Pflegetipps

Passen Sie beim Laubharken auf Ihre Beerenpflanzen auf. Es sind Flachwurzler. Bleiben Sie dem

Kontrollieren Sie regelmäßig, ob Ihr Spalierobst nicht zu straff befestigt ist.

direkten Wurzelbereich darum bitte mit Harke oder Spaten vom Leibe. Haben Sie Stützpfähle gesetzt oder Spalierobst an Wänden oder Gerüsten befestigt, kontrollieren Sie regelmäßig, ob die Bänder nicht zu straff sitzen oder der Pfahl verrottet ist. Es ist nie gut, wenn ein Baum an einem harten Gegenstand reibt.
Und zuletzt: Sollten lange Äste voller Früchte hängen, stützen Sie diese bitte mit einem y-förmigen Pfahl. Damit die Wurzel nicht beschädigt wird, kann auch eine Stange am Stamm befestigt werden, an der man die Äste nach oben bindet.

Faustregel Schnittmenge

Schwachwüchsige Pflanzen werden durch einen starken Schnitt zu mehr Wachstum angeregt. Eher stark wachsende Arten oder Triebe verhalten zurückschneiden, da sie sonst noch mehr zur Ausbreitung animiert werden.

Schädlinge und Krankheiten

Vögel oder Rehe sind ganz sicher keine Schädlinge. Trotzdem ist es ärgerlich, wenn sie Knospen abknabbern und die von Menschenhand gezüchteten Früchte verspeisen. Ein Käfig aus Metall- oder Holzstützen und einem Kunststoffnetz oder Maschendraht schafft Abhilfe.

Krankheiten und wirkliche Schädlinge sind leider nicht ganz so leicht in den Griff zu kriegen. Im Folgenden werden die wichtigsten und häufigsten vorgestellt. Spazieren Sie einmal pro Woche durch Ihren Garten, um erste Anzeichen sofort zu entdecken und unmittelbar eingreifen zu können.

Schädlinge

Zu den Schädlingen zählt man tierische Schadenverursacher. Sehr bekannt sind die Nacktschnecke und die Laus.

Die wichtigsten Schädlinge am Kernobst:
Apfelwickler: Er ist der häufigste Apfelschädling, befällt aber auch anderes Obstgehölz. Die weißen Larven mit braunem Kopf bohren sich in die unreifen Früchte, die verfrüht abfallen. Wer die genaue Zeit zwischen Schlüpfen und Eindringen in

das Obst kennt, kann mit Pheromonfallen Abhilfe schaffen. Sonst Manschetten von Wellpappe um den Baumstamm befestigen, dort lassen sich die Wickler gern nieder. Die Manschetten sollten Sie im Herbst abnehmen und das Fallobst möglichst sofort vernichten.

Blutläuse: Sie mögen besonders Apfelbäume und nisten sich in der Rinde ein, deren Saft sie aussaugen. Zu erkennen an weißen wachsähnlichen Fäden, die wie Schimmel aussehen. Die rötlichen oder grauen Läuse können am Baum Krebs verursachen. Befallene Äste sofort entfernen und verbrennen.

Wespen: Sie sind eigentlich Nützlinge, stürzen sich aber leider auf die reifen Früchte, die danach oft rasch Fruchtfäule bekommen. Ab dem Spätsommer dürfen Sie Wespen bekämpfen, indem Sie Flaschen, die zu einem Drittel mit Bier oder gärendem Fruchtsaft gefüllt sind, in die Bäume hängen. Bitte kein Zuckerwasser, da sonst auch Bienen angelockt werden!

Obwohl sie eigentlich Nützlinge sind, können Wespen bei reifen Früchten Fruchtfäule verursachen. Im Spätsommer dürfen sie daher bekämpft werden.

Die wichtigsten Schädlinge am Beerenobst:

Himbeerkäfer: Der Käfer legt seine Eier in die Blüten. Es schlüpfen Maden daraus, die die Früchte fressen. Frühblühende Sorten sind weniger problematisch. Sicherheitshalber täglich am frühen Morgen die Pflanzen auf Befall kontrollieren, etwaige Käfer in einen Behälter klopfen und entsorgen.

Schildläuse: Die winzigen Tierchen sitzen unter einem ovalen Panzer meist an der Unterseite der Blätter. Klebrig glänzende Ablagerungen verraten sie. Bei geringem Befall schaben Sie die Läuse mit einem Löffel ab. Achtung: Bei Topfpflanzen anschließend die oberste Schicht der Erde entfernen. Alternativ geben Sie einen Esslöffel Schmierseife in 1 l Wasser und reiben damit gründlich Blätter und Äste ab. An Stamm und Trieben können Sie die Panzer auch mit Rapsöl bepinseln.

Krankheiten

Wie andere Lebewesen auch, kann eine Pflanze erkranken, wenn sie von Pilzen, Viren oder Bakterien befallen wird. Manchmal kann man die Erkrankung optisch erkennen, bisweilen macht sie sich aber nur durch eine Schwäche von Baum oder Strauch bemerkbar. Im schlimmsten Fall stirbt die Pflanze ab.

Die wichtigsten Krankheiten des Kernobstes:
Schorf: Hier handelt es sich um eine Pilzerkrankung, die Äpfel und Birnen gleichermaßen befällt. Zu erkennen ist sie an dunklen Flecken auf den Blättern und später auf dem Obst. Dort kommen Risse hinzu. Wärme und Feuchtigkeit begünstigen Entstehung und Ausbreitung. Ein guter Schnitt und große Abstände zwischen den Bäumen ist die beste Vorbeugung. Geben Sie befallenes Laub auf den Komposthaufen, damit die Vermehrung verhindert wird. Ein organisches Fungizid ist empfohlen, wenn es zwischen April und Juli sehr viel regnet.
Apfelmehltau: Sowohl Knospen als auch Blüten und Blätter zeigen einen mehlig-weißen Belag. Blätter verkümmern und fallen ab, auch ganze Triebe sterben manchmal ab. Diese sofort entfernen und verbrennen. Zur Vorbeugung empfiehlt es sich, widerstandsfähige Sorten zu wählen. Oder besprühen Sie Apfelbäume mit einer Mischung aus ausgekochter Zwiebelschale und Schachtelhalmtee.

Die wichtigsten Krankheiten des Beerenobstes:
Grauschimmel: Er ist an dem unappetitlichen Schimmelpilzüberzug auf Früchten zu erkennen. Der beste Schutz ist durch eine gute Belichtung und großzügige Pflanzabstände gegeben. Legen Sie Stroh oder Holzwolle unter die Erdbeeren, wenn diese blühen. Spritzungen mit Schachtelhalmextrakt können helfen.
Beerenmehltau: Anzeichen und Bekämpfung sind die gleichen wie bei Apfelmehltau.

Vermehrung

Da in der Praxis Obstbäume eher nicht selbst vermehrt werden, beschränkt sich dieser Abschnitt auf die Vermehrung von Beerenfrüchten.

Ausläufer oder Ableger

Bei Erdbeeren kann man die Ausläufer gut sehen, aber auch Brombeeren und Himbeeren, Haselnuss und Stachelbeeren bilden Ableger, die ihnen im Grunde entsprechen. Betrachten Sie die von Ihnen gesetzte Mutter-Erdbeere. In ihrer Nähe, durch lange Triebe verbunden, stehen junge Pflanzen. Der verbindende Trieb wird durchtrennt, die Jungpflanze mit Wurzelballen entfernt und zunächst in einen Topf oder gleich in ein neues Beet gesetzt. Die Ableger von Haselnuss & Co. sind unterirdisch mit der Mutterpflanze verbunden. Auch sie werden behutsam mit Ballen abgestochen und umgesetzt. Dies geschieht am besten im Herbst oder im Frühjahr.

Ableger
Biegen Sie den bodennahen Zweig eines Beerenstrauchs vorsichtig herunter und graben Sie ihn locker in die Erde. Es werden sich bald Ableger daraus entwickeln.

Erdbeeren können durch Ausläufer vermehrt werden, die von der Mutterpflanze abgetrennt und dann neu eingepflanzt werden.

Stecklinge

Eine weitere einfache Methode ist die Vermehrung durch Steckhölzer. Schneiden Sie im Winter – bei einigen Arten schon im frühen Herbst oder Frühjahr – gesunde einjährige Triebe mit mehreren Knospen ab. Teilen Sie diese jeweils nah an einer Knospe in Abschnitte von 15 bis 20 cm Länge und stecken Sie diese in Beete oder Gefäße. Die oberste Knospe muss aus der Erde schauen.
Sobald sich Wurzeln gebildet haben, können die Jungpflanzen an ihren endgültigen Standort gesetzt werden.

Überwintern

Ein Obstgarten, der auf die Region abgestimmt ist, sollte mit seinem Klima klarkommen. Trotzdem kann es Situationen geben, in denen Baum und Strauch Ihre Hilfe brauchen. Nicht winterharte Topfpflanzen werden an ein helles kühles Plätzchen gebracht. Ihre Pflanze sollten Sie ab jetzt noch mäßig gießen, aber keinesfalls austrocknen lassen.

Schutz vor Frostschäden

Nicht extrem tiefe Temperaturen, sondern der Wechsel zwischen warm und kalt macht vielen Bäumen zu schaffen. Ein breites Brett an der Südseite des Baumstammes schützt vor der Sonne, reduziert so starke Temperaturschwankungen und schützt vor Frostrissen.

Auch im Frühjahr wird es noch einmal kritisch, wenn bereits Knospen, Blüten oder gar kleine Fruchtansätze den Sommer ankündigen. Gibt es jetzt noch einmal Frost, kann die Ernte in Gefahr sein. Sträucher, kleine Bäumchen und natürlich auch Erdbeeren mit alten Bettlaken oder Folie abdecken, wenn Minustemperaturen angekündigt sind. Sobald das Thermometer morgens wieder über Null geklettert ist, den Frostschutz entfernen, damit Luft und Sonne an die Pflanzen kommen.

Rund um die Obsternte

Die Ernte: So geht's

Endlich ist es soweit. Die Zweige hängen voll rot, gelb oder grün leuchtender Früchte – Sie dürfen ernten! Wirklich? Der richtige Zeitpunkt ist wichtig. Auch das Wie sollten Sie nicht unterschätzen.

Endlich darf geerntet werden! Zu beachten sind aber bei jeder Obstsorte der richtige Zeitpunkt und die richtige Handhabung.

Der richtige Zeitpunkt

Am besten ist es, wenn Sie den Reifetermin Ihrer Obstsorten kennen. Bei Kernobst, also etwa Äpfeln oder Birnen, kann ein Unterschied zwischen Pflück- und Genussreife bestehen. Das bedeutet, nach der Ernte sollten die Früchte noch eine Weile nachreifen. Gerade Birnen werden häufig abgenommen, solange sie noch hart sind. Pflückt man sie voll ausgereift, müssen sie sofort verbraucht werden. Einen reifen Apfel erkennen Sie an dunkelbraunen Kernen und meist gelblichem Fruchtfleisch.

Der Drehtest
Kernobst wird gepflückt, indem man es vom Ast abdreht. Geht das ganz einfach, ist der Zeitpunkt mit hoher Wahrscheinlichkeit gut gewählt. Müssen Sie Gewalt anwenden und befürchten, der gesamte Trieb bricht mit ab, ist es noch zu früh.

Walnüsse zeigen Ihnen, dass sie reif sind, wenn die dicke grüne Umhüllung platzt und die Nuss leicht frei gibt. Bei Haselnüssen ist es die kräftige braune Farbe der Schale. Steinobst, also etwa Pflaumen, ist gut, wenn es weich, süß und saftig wird. Also vorsichtig drücken und am besten ein Exemplar probieren.

So ernten Sie richtig

Zu Ihrer eigenen Sicherheit seien für stattliche Hochstämme spezielle Pflückhilfen mit Teleskopstangen empfohlen. Wenn eine Leiter zum Einsatz kommt, bitte unbedingt Standfestigkeit sicherstellen!
Äpfel und Birnen vom Zweig abdrehen und in ein Gefäß legen, nicht etwa werfen. Auch Pfirsiche, Pflaumen, Renekloden, Aprikosen und Kirschen werden einzeln per Hand gepflückt, Kirschen mit Stiel. Nur Mirabellen und Zwetschen sind robust und dürfen vom Baum geschüttelt werden. Letzteres gilt auch für Nüsse, die meist schon von selbst fallen. Beerenobst schließlich ist sehr druckempfindlich. Behutsam absammeln und schnell verbrauchen.

Schlaue Helfer

Je besser Sie ausgerüstet sind, desto leichter wird Ihnen die Arbeit von der Hand gehen.
Die Leiter kommt häufig zum Einsatz, wenn Sie nicht nur Beerensträucher im Garten haben. Da sie für die Sicherheit ganz wichtig ist, prüfen Sie bitte vor der Saison, ob die Leiter noch in Ordnung ist. Gibt es Rost oder morsche Stellen, bessern Sie diese aus oder besorgen schlimmstenfalls ein neues Exemplar. Ideal sind Leitern, die Sie in der Höhe verstellen können.
Für die Obstarten, die vom Baum geschüttelt werden dürfen, gibt es sogenannte Schüttelhaken. Das sind lange Stäbe mit Haken an einem Ende. Dieser Helfer bietet sich übrigens auch für die Apfelernte an, wenn die Früchte ohnehin zu Saft verarbeitet werden sollen. Legen Sie in einem solchen Fall eine Plane unter dem Baum aus, die Ihnen auch noch das Einsammeln erleichtert.
Wenn Sie es mit großen Äpfeln zu tun haben, sollten Sie sich mit einem Helm schützen.
Bei sogenannten Obstpflückern handelt es sich

Mit einem sogenannten Obstpflücker können Sie Ihr Obst bequem vom höchsten Baum pflücken, ohne sich strecken zu müssen.

um lange Stäbe, die am Ende ein Messer und einen Beutel haben. Mit etwas Übung gelingt es Ihnen damit sicher bald, Äpfel und Birnen rasch auch aus höchster Höhe vom Baum zu holen.

Konservierung und Lagerung

Wenn Sie Apfel, Birne & Co. clever verarbeiten, können Sie sich das ganze Jahr über an Ihrer Ernte erfreuen.

Dörren

Kernobst besteht zu 75 bis 88 % aus Wasser. Beim Dörren reduzieren Sie den Wassergehalt auf weniger als 14 % und hindern Mikroorganismen daran, die Kernfrüchte verderben zu lassen. Wichtig ist, dass dieser Vorgang schonend vor sich geht: Fruchtfleisch in Scheiben oder Spalten schneiden und für rund drei Tage einer konstanten Temperatur zwischen 50 und 75 °C aussetzen. Entweder über einer Heizung auf eine Schnur hängen oder auf ein Rost legen. Im Backofen geht es auch, Sie müssen aber unbedingt die Tür einen Spalt offen lassen. Das Obst ist fertig, wenn es ledrig wirkt. In dunklen verschließbaren Gefäßen halten Dörrfrüchte ein Jahr lang.

Genießen Sie Ihr eigenes Obst das ganze Jahr über – beispielsweise als Apfelmus.

Einkochen

Durch sogenanntes Einkochen wird Obst sterilisiert. Es hält lange, hat aber leider den Großteil an Vitaminen verloren. Während des starken Erhitzens darf keine Luft an die Früchte gelangen. Am besten wird das Fruchtfleisch direkt im Einmach-

Hygiene ist wichtig!
Wenn Sie lange etwas von Ihren Schätzen haben wollen, müssen Sie bei der Verarbeitung pingelig Schadstellen aus den Früchten entfernen. Mindestens ebenso wichtig ist, dass Sie extrem sauber arbeiten. Gefäße sollten zunächst sterilisiert werden, Finger gehören zwischendurch nicht in den Mund!

glas zwischen 15 und 40 Minuten heiß gemacht, oder es wird im Topf erhitzt und dann sofort in Gläser gegeben. Der anschließende Abkühlungsprozess sorgt im Glas für einen Unterdruck, der wiederum zur Folge hat, dass der Deckel fest an den Gummiring und mit ihm zusammen an den Glasrand gedrückt wird.

Entsaften

Was schmeckt besser als selbst gemachter Apfelsaft? Mit einem Entsafter ist er schnell hergestellt. Soll er haltbar gemacht werden, müssen Sie ihn pasteurisieren. Hierzu den Saft in einen sauberen Topf geben und in etwa 20 Minuten auf 77 °C erhitzen. Dann in vorgewärmte saubere Flaschen füllen und die Flaschen dicht verschließen.

Einfrieren

Besonders Beeren und Kirschen eignen sich gut zum Einfrieren. Aber auch Kern- und Steinobst kann man in der Gefriertruhe aufbewahren. Das wird geviertelt und dann kurz blanchiert, d. h. kurz in kochendes Wasser eingetaucht. Anschließend sehr schnell abkühlen lassen. Dazu legt man sie am besten für einige Minuten in eine Schale mit Eiswürfeln. Sobald sich das Obst völlig kalt anfühlt, gibt man es unter Zusatz von Zitronensaft in Gefrierbeutel.

Lagerung

Frisch schmeckt Obst vielen am besten. Mit ein paar Tricks lassen sich zumindest Äpfel und Birnen einige Zeit lagern. Am besten geht das im Keller. Der sollte eine Temperatur zwischen 2 und 7 °C haben. Dazu ist eine recht hohe – gern bis 90 %ige – Luftfeuchtigkeit erwünscht, Durchzug dagegen schadet, weil er die Früchte austrocknet. Legen Sie makellose Früchte großzügig auf Papier, Stein oder Holz nebeneinander aus.
Kontrollieren Sie in regelmäßigen Abständen auf schadhaftes Obst und entfernen Sie dieses sofort. Nüsse sollten übrigens in luftdurchlässigen Säckchen bei Zimmertemperatur aufbewahrt werden. Wichtig: Sie müssen zuvor gründlich von der grünen Schale befreit, gereinigt und dann in einem warmen Zimmer getrocknet werden.

Nüsse bewahrt man am besten in luftdurchlässigen Säckchen bei Zimmertemperatur auf.

Obstporträts von A bis Z

Andenbeere

Physalis peruviana

Standort

Die Kapstachelbeere, wie man auch zu der Andenbeere sagt, braucht ein sehr warmes Plätzchen. Am besten gedeiht sie, wenn sie in der Nähe einer Hauswand Schutz suchen kann. Wichtig ist, dass sie dort volle Sonne bekommt. In sehr kalten Regionen mit frühen Bodenfrösten sollte man auf diese gesunde Frucht vielleicht lieber verzichten, in Weinbaugebieten dagegen ist sie bestens aufgehoben.

Anbau/Pflege

In der freien Natur benötigt der Strauch keinen Dünger. Es handelt sich um eine einjährige Pflanze. Nehmen Sie Stecklinge, die Wurzeln gebildet haben, über Winter in das Haus und setzen sie nach den Eisheiligen in den Garten. Der Busch wächst rasch heran, blüht meist im ersten Jahr und trägt dann auch gleich Früchte, die Mitte September geerntet werden können.

Sorten

Die Erdkirsche, *Physalis angulatum*, ist keine Sorte, sondern eine nahe Verwandte der Andenbeere. Beide werden häufig verwechselt und als Kapstachelbeere bezeichnet, beide haben die typischen pergamentartigen Lampionkelche, die die Frucht einschließen. Eine Sorte der Andenbeere, die eine reiche Ernte verspricht, ist ‚Goldvital'.

Apfel

Malus domestica

Standort
Mindestens eine zweite Apfelsorte, die zur gleichen Zeit blüht, muss in der Nähe stehen, damit es mit der Befruchtung klappt. Apfelbäume mögen die Sonne, aber keinen Wind.

Anbau/Pflege
Im späten Herbst oder Frühjahr pflanzen, im Sommer mulchen. Während des Fruchtwachstums den Baum nicht austrocknen lassen.

Sorten
‚Retina', ‚Gerlinde' (Sommeräpfel) und die Herbstsorten ‚Florina', ‚Resi' und ‚Santana' sind schorfresistent.

Aprikose
Prunus armeniaca

Standort
Sehr frostempfindlich! In milde Lagen oder sehr geschützt stellen. Staunässe bringt Aprikosen um, darum sollte das Wasser gut abfließen können.

Anbau/Pflege
Nach der Blüte mit Kompost mulchen. In mehreren Durchgängen pflücken, da die Früchte sehr unterschiedlich reifen.

Sorten
Groß und süß ist die ‚Aprikose von Nancy', eher säuerlich ist ‚Hargrand'.

Birne
Pyrus communis

Standort
Ein Birnenbaum muss sehr warm stehen und sollte eine Quitte als Unterlage haben. Er benötigt zur Befruchtung eine andere Birnensorte in der Nähe.

Anbau/Pflege
Birnen haben großen Nährstoffhunger. Einmal jährlich mit Kompost düngen.

Sorten
‚Clapps Liebling' ist recht robust und blüht spät, ‚Harrow Sweet' ist feuerbrandresistent und liefert aromatische Früchte, ‚Williams Christ' ist besonders frost- und schorfanfällig.

Brombeere
Rubus fruticosus

Standort
Die köstliche Brombeere ist eher anspruchslos. Zwar hat sie es gern warm und ein wenig windgeschützt, aber es spielt keine Rolle, ob sie sonnig oder eher schattig steht. Ist der Boden nicht zu karg, wächst und gedeiht sie. Man kann Brombeersträucher wunderbar als Zaunersatz um das Grundstück herum pflanzen. Aufgrund der Stacheln wird kaum ein ungebetener Gast Ihren Garten besuchen.

Anbau/Pflege
Pflanzen Sie den Brombeerbusch am besten im Frühjahr und ziehen Sie ihn an einem Spalier. Dann ist die Erde schon leicht angewärmt. Nach der Saison werden die abgeernteten Triebe bis zum Boden abgeschnitten. Im Winter ist ein Frostschutz der jungen Triebe empfehlenswert. Gegen Brombeerläuse und -milben sowie Pilze sollten Sie rechtzeitig einschreiten.

Sorten
‚Theodor Reimers' ist eine sehr aromatische Kultursorte. Früher reif, wie der Name schon sagt, aber weniger kräftig im Geschmack ist ‚Wilsons Frühe'. Stachelarme oder gar stachellose Sorten büßen meist etwas an Aroma ein, sind aber natürlich angenehm zu handhaben, z. B. ‚Black Satin' oder ‚Loch Ness'. Besonders Letztere kann geschmacklich durchaus mit ihren stacheligen Verwandten mithalten und leidet außerdem noch selten unter Fruchtfäule.

Cranberry

Vaccinium macrocarpon

Standort

Die Verwandte der Preiselbeere ist ausgesprochen robust und winterhart. Trotzdem wünscht sie sich einen Platz in voller Sonne. Der Boden sollte feucht, sauer und eher nährstoffarm sein.

Anbau/Pflege

Bitte nicht düngen! Der kriechende kleine Strauch bildet sonst zwar reichlich Triebe, nur leider wenig Blüten und wenige der köstlichen bis zu kirschgroßen Beeren. Cranberrys können Sie als Bodendecker einsetzen, der sich durch die Bildung bewurzelter Triebe rasch vermehrt. Nur ab und zu auslichten.

Sorten

Gut möglich, dass Sie keine große Auswahl haben. Meist wird die einfache Moosbeere, wie die Cranberry auf Deutsch heißt, angeboten, manchmal auch ‚Cranberry Pilgrim', bei der die Früchte dunkel wie Heidelbeeren werden.

Erdbeere

Fragaria

Standort

Grundsätzlich haben Erdbeeren Sonne sehr gern. Um Bodenmüdigkeit zu vermeiden, den Standort alle zwei bis drei Jahre wechseln.

Anbau/Pflege

Mehrmals tragende Sorten im Frühjahr, einmal tragende im August setzen. Ausläufer zur Vermehrung verwenden oder entfernen. Schon während der Blüte Stroh unter die Pflanzen legen.

Sorten

Monats- und Walderdbeeren sind meist klein, aber aromatisch. Ansonsten unterscheidet man zwischen den einmal oder mehrmals tragenden Sorte ‚Honeoye' ist früh dran, ‚Evita', ‚Selva' und ‚Rapella' sind mehrmals tragende Sorten. Sehr bekannt ist die ‚Senga Sengana' mit ihrem hohen Ertrag.

Feige
Ficus carica

Standort
Feigen brauchen einen geschützten Platz, möglichst in voller Sonne, eine schützende Hauswand im Rücken.

Anbau/Pflege
Nicht mit kalkhaltigem Wasser gießen! Ein gesunder Feigenbaum verträgt einen kräftigen Schnitt, bei dem er ausgelichtet wird.

Sorten
Die Früchte wilder Feigenbäume reifen in Nord- oder Mitteleuropa nicht. Für die Befruchtung muss nicht nur die sogenannte Feigengallwespe sondern auch eine weitere Feigenart in der Nähe sein. Lieber auf selbstbefruchtende Kulturarten wie ‚Brown Turkey' oder ‚Violetta' zurückgreifen.

Hagebutte
Rosa canina

Standort
Die Hagebutte, auch Hunds- oder Heckenrose genannt, ist anspruchslos. Sie mag Sonne, aber auch Halbschatten ist ihr recht.

Anbau/Pflege

Ähnlich wie beim Holunder pflanzt sich eine Hagebutte oft von allein in einen Garten. Sollte das bei Ihnen nicht der Fall sein, ist die Beschaffung über Nachbarn oder Freunde meist dennoch kein Problem. Die Wildrose lässt sich am besten durch Teilung der Wurzelausläufer vermehren. Sie benötigt kaum Pflege. Lockern Sie im Frühjahr und Herbst den Boden etwas auf, und düngen Sie mit etwas Kompost. Nach der Ernte verträgt die Hagebutte einen Rückschnitt.

Sorten

Die Kartoffelrose, *Rosa rugosa* auf Lateinisch, hat besonders große Früchte. Bei der Blauen Hechtrose sind die Blüten rosa bis dunkelrot, die Hagebutten sind kugelrund.

Haselnuss

Corylus avellana

Standort

Sie mag es sonnig und windgeschützt. Als Flachwurzler ist die Haselnuss weder in schweren nassen noch in ganz trockenen Böden gut aufgehoben. An den Nährstoffgehalt hat sie keinen hohen Anspruch.

Anbau/Pflege

Triebe, die aus der Unterlage wachsen, entfernen. Ansonsten ist nicht viel zu tun. Sorgen Sie dafür, dass um den Baumstamm eine Fläche grasfrei bleibt, denn die Wurzeln von Gras und Haselnuss konkurrieren um Wasser und Nährstoffe.

Sorten

Hellbraune Sorten sind ‚Webbs Preisnuss' und ‚Cosford', dunkler dagegen die ertragreichen und starkwüchsigen ‚Halleschen Riesen'.

Heidelbeere

Vaccinium corymbosum

Standort
Zum Pflanzen benötigen Sie ein sonniges oder halbschattiges Plätzchen und einen eher sauren Boden (pH-Wert zwischen 4 und 5).

Anbau/Pflege
Mulchen Sie den Standort und gönnen Sie ihm hin und wieder etwas Rindenhumus. Die Beeren reifen im Laufe von bis zu vier Wochen, pflücken Sie also immer wieder. Alle drei bis vier Jahre sollten holzige Triebe mit wenig Blüten bis zum Boden zurückgeschnitten werden.

Sorten
‚Top Hat' wächst niedrig, hat aber große Früchte. Die ‚Goldtraube' ist eine altbewährte Sorte.

Himbeere
Rubus idaeus

Standort
Himbeeren benötigen Platz, um sich auszubreiten, und einen lockeren Boden.

Anbau/Pflege
Geben Sie der Himbeere ein Spalier, an dem sie klettern kann. Stark wachsende Triebe kürzen, alte Triebe nach der Ernte bodennah abschneiden.

Sorten
Es gibt rote, dunkelrote und gelbe Himbeeren, einmal und zweimal tragende Sorten. Herbsttragende Sorten haben keine Probleme mit der bei Himbeeren stark verbreiteten Rutenkrankheit. Nehmen Sie ‚Autumn Bliss' oder mit gelben Früchten ‚Golden Bliss'.

Holunder
Sambucus nigra

Standort
Eigentlich pflanzt man Holunder nicht, man hat ihn einfach. Er sucht sich seinen Platz gern selbst aus. Wählerisch ist er allerdings nicht. Der Boden darf humos oder lehmig, kann halbschattig oder auch sonnig sein. Auf jeden Fall braucht er Platz, denn er wird leicht 6 oder 7 m hoch und breitet sich gern aus.

Anbau/Pflege
Schneiden Sie im Hochsommer einen rund 10 cm langen Steckling, den Sie so lange in Wasser stehen lassen, bis er viele Wurzeln gebildet hat. In einen Topf pflanzen und ins Freie setzen, wenn er 30 bis 40 cm hoch geworden ist. Weitere Pflege benötigt der Holunder nicht. Er wächst in vielen Regionen wild und trägt viele Blüten und später Beeren.

Sorten
Am weitesten verbreitet ist der Schwarze Holunder. Der Trauben-Holunder hat gelblichere Blüten, die bereits ab April zu sehen sind, seine Beeren sind rot. Der Zwerg-Holunder bietet sich für kleinere Gärten an, da er nur etwa halb so hoch wird wie der Schwarze Holunder.

Vielseitig in der Küche
Die Blüten des Schwarzen Holunders werden z. B. in einem dünnflüssigen Teig zu Pfannkuchen oder Holundersirup verarbeitet. Aus den Beeren wird Mus, Gelee oder Saft hergestellt.

Johannisbeere

Ribes-Sorten

Standort
Alle Johannisbeersorten brauchen einen reichen Boden sowie einen geschützten sonnigen Platz.

Anbau/Pflege
Die meisten roten Sorten sind selbstbefruchtend, die schwarzen benötigen eine andere Sorte in ihrer Nähe. Nach der Ernte lichtet man den Strauch gründlich aus. Bei Schwarzen Johannisbeeren die Triebe stark zurückschneiden, an denen die Pracht hing.

Sorten
Johannisbeeren gibt es in Rot, Weiß und Schwarz. Unter den Roten Johannisbeeren sind ‚Rolan‘ und

‚Rotet' sehr robust, bei den schwarzen Beeren zu ‚Titania' greifen, die robust gegen Mehltau, Rost und Gallmilben ist.

Jostabeere

Ribes x nidigrolaria

Standort

Sie mag die Sonne, kommt mit Kälte gut zurecht, möchte aber nicht direkt im Wind stehen.

Anbau/Pflege

Setzen Sie zwischen August und Oktober mehrere Sträucher in einem Abstand von 1,50 m bis 2 m, damit diese ihre buschige Form entfalten können. Geben Sie schon etwas Kompost in das Pflanzloch. Es empfiehlt sich, regelmäßig zu mulchen und immer mal wieder mit Kompost zu düngen. Die flachen Wurzeln müssen nämlich vor Trockenheit geschützt und gut ernährt werden. Bitte nicht stark beschneiden, sondern nur einmal im Jahr behutsam auslichten. Die Früchte bilden sich an mehrjährigen Trieben!

Sorten

Die ‚Jostine' trägt sehr aromatische Früchte, der Strauch wächst gut und schnell, auch der Ertrag ist meist recht hoch. Bei der ‚Jogrande' sind die Beeren zwar größer, aber weniger kräftig im Geschmack.

Kiwi

Actinidia deliciosa

Standort

Die Chinesische Stachelbeere, wie die Kiwi auch genannt wird, mag keine kalkhaltigen sondern eher leicht saure Böden. Sie liebt ein nährstoffreiches Plätzchen in der Sonne. Obwohl sie winterhart ist, steht sie idealerweise geschützt an einer Hauswand. Rankhilfen sorgen dafür, dass sie sich prächtig entwickeln kann. Kiwis können auch im Kübel Früchte tragen. Im Winter bitte ins Haus holen.

Anbau/Pflege

Grundsätzlich sollten Sie mindestens zwei Pflanzen setzen, eine weibliche und eine männliche oder zwei sogenannte einhäusige Pflanzen, also Exemplare mit männlichen und weiblichen Blüten. Wählen Sie einen Abstand von 2 bis 3 m. Junge Pflanzen im ersten Winter durch Rindenmulch oder Tannenzweige schützen. Ab dem zweiten Jahr sparsam mit Kompost düngen. Unbedingt regelmäßig wässern, da die Kiwi durstig ist. Abgeerntete Zweige großzügig wegschneiden, nur junge Triebe stehen lassen.

Sorten

‚Hayward' hat sich als Sorte für den heimischen Garten einen Namen gemacht. Ihre Früchte sind groß und sehr aromatisch. Zum Befruchten passt die männliche Sorte ‚Atlas' gut dazu.

Sonnenverwöhnt

Im eher kühlen Mitteleuropa gelangen die grünen behaarten Früchte am Strauch nicht immer zur vollen Reife. Pflücken Sie sie, bevor sie womöglich Frost bekommen, und legen Sie sie an einen warmen luftigen Platz, wo sie nachreifen können.

Kürbis

Cucurbita pepo, C. maxima

Standort

Der Kürbis hat es gern warm und nährstoffreich und braucht recht viel Platz.

Anbau/Pflege

Ziehen Sie die Saat in Töpfen vor und setzen Sie die jungen Pflänzchen Mitte Mai nach den Eisheiligen ins Freie. Je nach Sorte auf ausreichende Abstände achten. Gießen und düngen Sie. Vorsicht, die Wurzeln verlaufen dicht unter der Erdoberfläche! Der größte Feind ist die Schnecke.

Sorten

Die Sorte ‚Butternut' schmeckt mehlig-nussig und ist gut für Suppe; ‚Baby Bear' ist sehr klein, ‚Atlantic Giant' ist der Riese, den man gern zum Schnitzen nimmt.

Obst oder Gemüse?

Kürbis im Obstgarten? Aber ja, denn er gehört zum sogenannten Fruchtgemüse. Die Blüten können Sie übrigens braten oder backen.

Mandel

Prunus dulcis

Marzipan

Die wohl bekannteste Süßspeise aus Mandeln ist Marzipan. Die Rohmasse wird aus geschälten, blanchierten und gemahlenen Mandeln sowie Zucker hergestellt. Die genaue Zusammensetzung und Zubereitung werden von den einzelnen Herstellern meist geheim gehalten.

Standort

Der Mandelbaum ist v. a. im Mittelmeerraum beheimatet. Wenn Sie ihn in kälteren Gefilden haben wollen, suchen Sie einen sehr geschützten warmen Platz. Am meisten bietet sich jedoch die Pflanzung im Kübel an.

Anbau/Pflege

Mandeln mögen einen sehr durchlässigen nährstoffarmen Boden. Sie reagieren sehr empfindlich auf Trockenheit, mögen aber auch keine Staunässe. Nach der Blüte altes abgestorbenes Holz und zweijährige Triebe zurückschneiden. Den Kübel im Haus überwintern lassen und erst ins Freie bringen, wenn auch in den Nächten die Temperatur nicht mehr unter 10 °C fällt.

Sorten

Empfehlenswert ist die selbstfruchtende Davidsmandel. Das gilt auch für die frostresistente ‚Supernova', die sehr aromatische Früchte hervorbringt.

Orange

Citrus × aurantium

Standort

Sofern Sie nicht in einer extrem milden Region leben, sollten Sie Orangen nur im Kübel halten. Gerade junge Pflanzen mögen nämlich keinen Frost.

Anbau/Pflege

Pflanzen Sie in spezielle Zitruserde mit guter Dränage. Der Boden sollte einen pH-Wert zwischen 5,5 und 6,5 haben. Besonders kalkhaltiges Wasser vor dem Gießen abkochen. Nie ganz trocken werden lassen, in der Wachstumsphase regelmäßig düngen.

Sorten

Blondorangen sind die typischen runden Früchte, ‚Navelina' ist eine süße, fast kernlose Speiseorange.

Pflaume, Mirabelle, Zwetsche

Prunus domestica

Standort

Beide bevorzugen warme wind- und frostgeschützte Plätze, z. B. an einer Hauswand.

Anbau/Pflege

Der Baum benötigt nicht viel Pflege. Mulchen Sie mit Kompost direkt nach der Blüte. Achten Sie darauf, dass Sie eine eher schwachwüchsige Sorte bekommen, die sich selbst befruchten kann.

Sorten

Pflaumen sind rundlich, Zwetschen sind die länglichen Artgenossen, die sich leichter vom Kern lösen lassen. Mirabellen sind gelb und erreichen etwa die Größe von Kirschen. Das Scharkavirus ist für Pflaumen gefährlich. ‚Hanita' wird nicht so oft befallen und hat einen hohen Ertrag, auch die frühe ‚Katinka' ist tolerant gegen das Virus. Die ‚Mirabelle von Nancy' ist der Klassiker. Die Früchte sind gelb mit roten Sprenkeln. ‚Bellamira' ist keine echte Mirabelle, sondern eine Kreuzung, besticht aber durch eine lange reiche Ernte und süße Früchte.

Quitte

Cydonia oblonga

Standort

Quitten mögen leicht sauren Boden.

Anbau/Pflege

Der Quittenstrauch wächst langsam und muss wenig ausgelichtet werden. Steht er an einem geschützten Platz, braucht er höchstens etwas Kompost und Wasser in sehr trockenen Phasen. Geerntet wird vor dem ersten Frost.

Sorten

Die Apfelquitte ist besonders hart, die Birnenquitte hat weicheres Fruchtfleisch. Zum Rohverzehr eignen sich beide nicht. ‚Konstantinopler' ist weniger frostempfindlich, ‚Cydora Robusta' scheint recht robust gegen Feuerbrand, der ganze Pflanzen absterben lässt.

Rhabarber

Rheum rhabarbarum

Standort

Rhabarber gedeiht an sonnigen bis halbschattigen Standorten. Der Boden sollte nährstoffreich und wasserführend sein.

Anbau/Pflege

Rhabarber wird nicht tief, aber mit großen Abständen gepflanzt. Im Mai und Juni viel gießen, damit im Juni und Juli geerntet werden kann. Immer einige Stiele stehen lassen, damit Sie auch im nächsten Jahr einen guten Ertrag haben.

Botanische Einordnung

Eigentlich zählt der Rhabarber zu den Gemüsepflanzen. Doch die mineralstoffreichen Stangen werden wie Früchte verwendet.

Sorten

‚Sutton' und ‚Holsteiner Blut' sind mild im Geschmack und haben ein schön rotes Fruchtfleisch.

Sauerkirsche

Prunus cerasus

Standort

Sauerkirschen sind i. d. R. selbstfruchtbar und eher anspruchslos. Der Baum ist kleinwüchsig und auch für Minigärten geeignet.

Anbau/Pflege

Wassertriebe dicht am Ast abschneiden, auch das Fruchtholz kann nach der Ernte bis auf drei Knospen gekürzt werden.

Sorten

Die bekannteste ist wohl die Schattenmorelle, die aber leider sehr krankheitsanfällig ist. ‚Morina', ‚Topas' und ‚Safir' sind erheblich robuster gegenüber Monilia-Spitzendürre oder Sprühfleckenkrankheit.

Stachelbeere

Ribes uva-crispa

Standort

Der Strauch kommt mit Sonne und Halbschatten zurecht.

Anbau/Pflege

Gönnen Sie der Stachelbeere schon beim Pflanzen eine Portion Kompost. Später während der Wachstumsphase kräftig mulchen, wobei auf die flachen Wurzeln aufzupassen ist.

Sorten

Es gibt sie in Rot, Gelb oder Grün und mit glatter oder haariger Schale. Die rote ‚Redeva' und die rote stachellose ‚Captivator' sind gegen den Mehltau gewappnet.

Süßkirsche

Prunus avium

Standort

Süßkirschen stellen keinen hohen Anspruch an den Boden. Verhindern Sie lediglich Staunässe.

Pflegeleicht

Entscheiden Sie sich für schwach wachsende Unterlagen und Spindelerziehung. Das reduziert den Platzbedarf und erleichtert das Pflücken.

Anbau/Pflege

Bei zu starkem Fruchtansatz Triebe gleichmäßig ausdünnen. Überhaupt empfiehlt sich ein regelmäßiger Schnitt nach der Ernte.

Sorten

‚Burlat' ist eine frühe Sorte und daher madenfrei, ‚Sunburst' ist selbstfruchtbar. Ebenfalls selbstfruchtbar sind ‚Sweetheart' und die frühe ‚Celeste'.

Walnuss

Juglans regia

Standort

Walnussbäume gedeihen gut an geschützten Standorten mit tiefgründigem Boden.

Anbau/Pflege

Der Baum neigt zum Bluten. Schneiden Sie also einen Ast ab, versorgen Sie bitte gleich die Wunde.

In aller Regel ist allerdings kaum Beschnitt nötig. Herabgefallene Nüsse sofort aufsammeln.

Sorten

Empfehlenswert sind veredelte Sorten, die kleiner bleiben und schneller fruchten. ‚Geisenheimer' (Nr. 26): Die Nuss ist eher klein, dafür treibt die kleinkronige Sorte spät aus und ist weniger frostgefährdet.

Weintraube

Vitis vinifera

Standort

Die Trauben brauchen viel Sonne und Wärme. Sie reifen erst im Herbst oder sogar im Winter.

Anbau/Pflege

Schneiden Sie im ersten Jahr alles bis auf den Haupttrieb zurück. Danach an einem Rankgerüst erziehen.

Sorten

Wein gibt es in Grün bzw. Weiß oder Blau. Achtung: Zugelassen sind ausschließlich veredelte Sorten, damit die Reblaus sich nicht ausbreiten kann. Robust, frosthart und widerstandsfähig gegen Mehltau ist die blaue ‚Muscat bleu'. Das gilt auch für den grünen ‚Birstaler Muskat'.

Zitrone

Citrus × limon

Standort

Zitronenbäume holen das Mittelmeer auf die Terrasse. Leider sind sie recht empfindlich.

Anbau/Pflege

Für Anbau und Pflege gilt das Gleiche wie für Orangen. Da die Bäume groß und ausgreifend werden können, sollten sie regelmäßig beschnitten werden.

Sorten

Die ‚Lunario' blüht und fruchtet praktisch ununterbrochen. Robust ist die ‚Meyeri', die außerdem eine dünne Schale hat.

Zwergbanane

Musa acuminata

Standort

Wer es exotisch mag, kann seine eigene Bananenpflanze halten. Allerdings gedeiht sie nur im Kübel und braucht sehr viel Sonne. Im Winter müssen Sie die Pflanze ins Haus holen und vielleicht zusätzlich eine Lampe anbringen, im Hochsommer die Blätter vor dem Verbrennen schützen.

Anbau/Pflege

Da Bananen aus tropischen Gefilden kommen, brauchen sie eine hohe Luftfeuchtigkeit. Besprühen Sie den Baum darum regelmäßig. Überhaupt benötigt die Pflanze viel Wasser. Gießen Sie aber niemals von unten, denn nasse Füße sind sehr gefährlich. Durchlässiger Boden ist wichtig. Im Winter reicht eine Flüssigdüngergabe im Monat, im Frühling und Sommer sollten Sie wöchentlich düngen. Achtung: Bananen, selbst die Zwergbanane, wachsen schnell, zurückschneiden kann man sie nicht.

Sorten

Die kleine Sorte ‚Dwarf Cavendish' kommt von den Kanarischen Inseln in den Wintergarten. Eine Neuzüchtung, die bis –10 °C winterhart sein soll, ist die ‚Musa Basjoo Sakalinensis'. Sie soll schnell Früchte hervorbringen. Optisch reizvoll und vielversprechend, wenn Sie eigene Bananen ernten möchten, ist die rosa Zwergbanane; ‚Musa velutina'.

Die besten Rezepte für Ihr Obst

Stachelbeerkonfitüre

Für 5 Gläser à 250 ml:
1 kg grüne Stachelbeeren
1 kg Gelierzucker, 1:1
3 EL Zitronensaft
2 cl Cognac

Zubereitungszeit:
30 Min.
Ziehzeit:
20 Min.
Nährwerte pro Glas:
500 kcal, 2.093 kJ, 1 g EW, 1,5 g F, 160 g KH

1 Die Stachelbeeren waschen, putzen und mit dem Zucker, Zitronensaft und Cognac in einen großen Topf geben. Mit einem Stampfer andrücken. Etwa 20 Minuten ziehen lassen, dann aufkochen. Den entstehenden Schaum abschöpfen und die Stachelbeeren 4–5 Minuten kochen lassen.

2 Vom Herd nehmen und eine Gelierprobe machen (dabei etwas Fruchtmasse auf einen kleinen Teller geben und kurz in den Kühlschrank stellen; wenn die Masse noch nicht geliert, nochmals kurz durchkochen lassen).

3 Die heiß ausgespülten Gläser randvoll füllen und gut verschließen. Sofort umgekehrt auf den Deckel stellen und etwas abkühlen lassen. Dann wieder wenden und gänzlich auskühlen lassen.

Frisches Apfelgelee mit Basilikum

1 Äpfel waschen und vierteln. Die Kerngehäuse herausschneiden und das Fruchtfleisch schälen. Apfelstücke grob raspeln und 250 g abwiegen. Basilikum vorsichtig waschen und mit Küchenpapier trocken tupfen, dann in feine Streifen schneiden.

2 Geriebene Äpfel mit Apfelsaft und Gelierzucker in einem Topf vermischen. Das Ganze unter Rühren zum Kochen bringen und 3 Minuten sprudelnd kochen lassen; dabei weiter umrühren, damit die Fruchtzubereitung nicht ansetzt.

3 7 Gläser à ca. 250 ml Inhalt gründlich reinigen. Anschließend in jedes Glas Streifen von 1 Blatt Basilikum geben. Nach erfolgreicher Gelierprobe die Mischung sofort in die vorbereiteten Gläser füllen und die Gläser gut verschließen.

Geschmackssache

Je nach verwendeter Apfelsorte lässt sich der Geschmack des Gelees variieren. ‚Boskop'-Äpfel sorgen beispielsweise für einen sauren und erfrischend-würzigen Geschmack, während die Sorte ‚Jonagold' für ihr süßes bis feinsäuerliches Aroma bekannt ist.

Für 7 Gläser à ca. 250 ml:
300 g Äpfel (z. B. ‚Jonagold')
7 Basilikumblätter
1 l klarer Apfelsaft
500 g Gelierzucker 3:1
(z. B. von SweetFamily)

Zubereitungszeit:
30 Min.

Nährwerte pro Glas:
305 kcal, 1.276 kJ, 1 g EW, 1 g F, 75 g KH

Himbeer-Vanille-Gelee

Für 4 Gläser à ca. 300 ml:
1 Vanilleschote
1,2 l Himbeersaft
500 g Gelierzucker 3:1
(z. B. von SweetFamily)

Zubereitungszeit:
25 Min.
Nährwerte pro Glas:
421 kcal, 1.761 kJ, 2 g EW, 1 g F, 96 g KH

1 Vanilleschote längs aufschneiden und das Mark herauskratzen. Himbeersaft mit Vanilleschote, Vanillemark und Gelierzucker in einen Topf geben und vermengen.

2 4 fest verschließbare Gläser mit heißem Wasser und Spülmittel gründlich reinigen und auf einem sauberen Küchenhandtuch abtropfen lassen. Die Saftmischung unter Rühren zum Kochen bringen und 4 Minuten kochen lassen.

3 Nach erfolgreicher Gelierprobe die Vanilleschote entfernen und das Gelee sofort in die vorbereiteten Gläser füllen. Gläser fest verschließen und anschließend ca. 5 Minuten auf den Kopf stellen. Dann umdrehen und an einem kühlen, dunklen Ort lagern.

Gelierprobe

Zur Gelierprobe 1 kleinen Löffel voll Gelee aus dem heißen Topf nehmen und auf einen kalten Teller geben. Hält man den Teller schräg und das Gelee verläuft dabei nicht, ist es fertig.

Dreifarbige Konfitüre

1 Die Johannisbeeren verlesen, waschen, abwiegen und mit 500 g Gelierzucker, 3 EL Zitronensaft und Cassislikör in einem Topf vermengen. Alles zugedeckt 1 Stunde ziehen lassen. Aprikosen waschen, halbieren, entsteinen und in kleine Stücke schneiden. 500 g Aprikosenstücke mit 500 g Gelierzucker, 3 EL Zitronensaft und dem Rum mischen. Alles zugedeckt ca. 2 Stunden ziehen lassen.

2 Himbeeren vorsichtig waschen, abtropfen lassen und verlesen. 500 g Beeren abwiegen. Diese mit restlichem Gelierzucker, übrig gebliebenem Zitronensaft und Himbeergeist verrühren. Mischung zugedeckt ca. 3 Stunden ziehen lassen.

3 6 Gläser und Deckel mit heißem Wasser gründlich ausspülen. Die Johannisbeermischung 2–3 Minuten sprudelnd kochen. Konfitüre auf die Gläser verteilen, dabei die Gläser nur zu 1/3 füllen. Konfitüre abkühlen und fest werden lassen.

4 Aprikosenmischung 2–3 Minuten sprudelnd kochen, auf die Johannisbeerschicht füllen und abkühlen lassen. Anschließend die Himbeermischung 2–3 Minuten sprudelnd aufkochen und auf der fest gewordenen Aprikosenschicht verteilen. Gläser gut verschließen, auf die Deckel stellen und Konfitüre abkühlen lassen.

Für 6 Gläser à ca. 450 ml:
600 g Schwarze Johannisbeeren
1,5 kg Gelierzucker
9 EL Zitronensaft
3 EL Cassislikör
600 g Aprikosen
3 EL weißer Rum
550 g Himbeeren
3 EL Himbeergeist

Zubereitungszeit:
50 Min.
Ziehzeit:
3 Std.
Nährwerte pro Glas:
211 kcal, 883 kJ, 1 g EW, 0 g F, 48 g KH

Italienische Pflaumenkonfitüre

Für 4 Gläser à ca. 300 ml:
1,2 kg Pflaumen
175 g Honig
350 g Gelierzucker 3:1
1–2 Zimtstangen
100 ml heller Balsamico-Essig

Zubereitungszeit:
25 Min.
Nährwerte pro Glas:
139 kcal, 592 kJ, 0 g EW, 0 g F, 34 g KH

1 Pflaumen mit kaltem Wasser waschen und entsteinen. Fruchtfleisch in kleine Würfel schneiden und mit Honig, Zucker und Zimt in einem Topf gut vermischen.

2 Früchte auf großer Flamme zum Kochen bringen und ca. 3 Minuten sprudelnd kochen lassen. Essig angießen und Zimtstangen entfernen.

3 Die Konfitüre in vorbereitete, heiß ausgespülte Gläser füllen. Die Gläser fest verschließen und dann für ca. 5 Minuten auf den Deckel stellen.

Apfel-Birnen-Fruchtgenuss

s. Abb. rechts

1 Äpfel und Birnen schälen, halbieren, Kerngehäuse entfernen und Fruchtfleisch in kleine Würfel schneiden.

2 Obst mit Zitronensaft und -schale, Gelierzucker und Sternanisen in einem großen Topf auf hoher Stufe aufkochen. Unter Rühren mindestens 3 Minuten sprudelnd kochen lassen. Dann Sternanise entfernen.

3 Mandellikör unterrühren. Die Konfitüre in vorbereitete, heiß ausgewaschene Gläser füllen, Gläser fest verschließen und anschließend für ca. 5 Minuten auf den Deckel stellen.

Wichtig: Sauberkeit

Die Gläser sollten vor dem Einfüllen am besten mit kochend heißem Wasser und Spülmittel ausgespült werden, damit Keime abgetötet werden und der Inhalt länger haltbar bleibt. Gläser anschließend abtropfen lassen, nicht mit einem Geschirrtuch abtrocknen!

Für 4 Gläser à ca. 300 ml:
650 g Äpfel
650 g Birnen
Saft und abgeriebene Schale von 1 Zitrone (unbehandelt)
500 g Gelierzucker 3:1
5 Sternanise
4 cl Mandellikör

Zubereitungszeit:
25 Min.
Nährwerte pro Glas:
149 kcal, 634 kJ, 0 g EW, 0 g F, 35 g KH

Heidelbeerkonfitüre mit Vanillesahne

Für 5 Gläser à ca. 200 ml:
800 g Heidelbeeren
500 g Agavendicksaft
1 Päckchen Zitronensäure (5 g)
1/2 Vanilleschote
125 g Créme double

Zubereitungszeit:
40 Min.
Nährwerte pro Glas:
449 kcal, 1.879 kJ, 2 g EW, 9 g F, 88 g KH

1 Heidelbeeren verlesen, abbrausen und gut abtropfen lassen. 750 g Heidelbeeren abwiegen und diese mit Agavendicksaft sowie Zitronensäure in einen großen Topf geben. Vanilleschote längs aufschlitzen und das Mark herauskratzen. Vanilleschote und -mark zu den Heidelbeeren geben. Das Ganze bei starker Hitze unter Rühren aufkochen.

2 Konfitüremasse 4 Minuten sprudelnd kochen lassen. Vanilleschote entfernen und Beeren mit einem Kartoffelstampfer zerdrücken oder mit einem Pürierstab zerkleinern.

3 Konfitüre weitere 4 Minuten sprudelnd kochen lassen. Dann Crème double unterrühren, Masse aufkochen und weitere 2 Minuten kräftig kochen. Inzwischen 5 fest verschließbare Gläser gründlich reinigen und abtropfen lassen.

4 Die Gelierprobe machen und die Heidelbeerkonfitüre sofort randvoll in die vorbereiteten Gläser füllen. Fest verschließen und Gläser 5 Minuten auf den Deckel stellen. Dann wieder umdrehen und abkühlen lassen. Gläser während des Abkühlens gelegentlich umdrehen, damit sich die Crème double nicht an der Oberfläche absetzt.

Quittengelee

1 Quitten waschen, vierteln und mit ca. 1 l Wasser in einen Topf geben. Die Früchte sollten dabei nicht völlig mit Wasser bedeckt sein.

2 Das Wasser zum Kochen bringen. Die Quitten 30–40 Minuten bzw. so lange kochen, bis sie weich sind. In der Zwischenzeit 3 fest verschließbare Gläser reinigen und abtropfen lassen.

3 Vanilleschote längs aufschneiden und das Mark herauskratzen. 750 ml des gewonnenen Quittensafts abmessen und Vanillemark sowie Gelierzucker dazugeben.

4 Das Ganze nochmal aufkochen und 3 Minuten sprudelnd kochen lassen. In die vorbereiteten Gläser füllen, diese gut verschließen und für ca. 5 Minuten auf den Kopf stellen. Vor dem Verzehr abkühlen lassen, am besten über Nacht.

Für 3 Gläser à ca. 250 ml:
3 Quitten
1 Vanilleschote
500 g Gelierzucker 2:1
(z. B. von SweetFamily)

Zubereitungszeit:
20 Min.
Garzeit:
40 Min.
Nährwerte pro Glas:
462 kcal, 1.933 kJ, 1 g EW, 1 g F, 110 g KH

Aprikosen-Mandel-Konfitüre mit Lavendel

Für 4 Gläser à ca. 200 ml:
1,5 kg Aprikosen
200 g gestiftete Mandeln
100 g Honig
1/4 TL getrocknete Lavendelblüten
500 g Gelierzucker 1:1 (z. B. von SweetFamily)

Zubereitungszeit:
30 Min.
Nährwerte pro Glas:
352 kcal, 1.473 kJ, 5 g EW, 10 g F, 60 g KH

1 4 fest verschließbare Twist-off-Gläser gründlich reinigen und gut abtropfen lassen. Aprikosen waschen, abtropfen lassen und entsteinen.

2 Aprikosenfruchtfleisch in einen ausreichend großen Topf geben und mit Mandeln, Honig und Lavendelblüten vermengen. Gelierzucker unterrühren. Das Ganze aufkochen und ca. 4 Minuten sprudelnd kochen lassen.

3 Aprikosen-Mandel-Konfitüre in die vorbereiteten Gläser füllen. Diese fest verschließen und auf den Deckel stellen. Etwas auskühlen lassen und dann wieder umdrehen.

Dauerhafte Freude
Achten Sie darauf, dass Sie die Gläser gründlich reinigen, um Verunreinigungen und Schimmelbildung zu vermeiden. Diese Konfitüre hält sich bis zu 2 Jahre. Lagern Sie sie nach Möglichkeit an einem dunklen und nicht zu warmen Ort.

Schwarze-Johannisbeer-Konfitüre

Für 4 Gläser à ca. 250 ml:
1 kg Schwarze Johannisbeeren
1 kg Gelierzucker
80 ml Portwein
2 cl Cassis

Zubereitungszeit:
40 Min.
Ziehzeit:
4 Std.
Nährwerte pro Glas:
217 kcal, 925 kJ, 1 g EW, 0 g F, 51 g KH

1 Johannisbeeren verlesen, waschen, abtropfen lassen und entstielen. Mit Gelierzucker und Portwein vermischen. 3–4 Stunden zugedeckt durchziehen lassen.

2 Nach Ende der Ziehzeit die Fruchtmasse unter Rühren zum Kochen bringen und 4 Minuten sprudelnd kochen lassen. Dabei ständig rühren. Zum Schluss Likör unterrühren.

Gemischtes Doppel

Sie können die Hälfte der Schwarzen Johannisbeeren auch durch Rote ersetzen. Lassen Sie den Portwein weg und geben Sie stattdessen das Mark einer Vanilleschote hinzu.

Ingwerbirnen

Für 2 Gläser à ca. 500 ml:
1 kg Birnen
50 ml trockener Weißwein
2 EL Zitronensaft
250 g Zucker
3–4 Gewürznelken
2 TL Ingwer in Stücken
(z. B. von Ostmann)
1 Msp. Einmachhilfe
1/2 TL Muskatnuss,
frisch gerieben
1 TL Zimtpulver

Zubereitungszeit:
40 Min.
Ziehzeit:
12 Std.
Nährwerte pro Glas:
159 kcal, 674 kJ, 1 g EW, 0 g F,
37 g KH

1 Birnen schälen, halbieren, Kerngehäuse entfernen und Früchte in Spalten schneiden. 200 ml Wasser, Weißwein, Zitronensaft, Zucker, Nelken sowie Ingwerstücke zum Kochen bringen, Birnen dazugeben und alles ca. 10 Minuten bei milder Hitze dünsten.

2 Einmachhilfe unterrühren und Ingwerbirnen mit Muskatnuss sowie Zimt würzen. Dann in vorbereitete fest verschließbare Gläser füllen, gut verschließen und ca. 12 Stunden an einem kühlen Ort ziehen lassen.

Köstliche Ergänzung
Die Ingwerbirnen passen hervorragend zu Schokoladenmousse.

Quittenkompott

1 Quitten schälen, entkernen und in Spalten schneiden. In eine Schüssel geben und mit Zitronensaft beträufeln.

2 Vanilleschoten der Länge nach aufschlitzen und das Mark herauskratzen. Zusammen mit Zucker, Nelke, 250 ml Wasser und Wein in einen Topf geben und aufkochen.

3 Quittenspalten darin 3–5 Minuten bissfest garen. Früchte mit einer Schaumkelle abschöpfen und die Flüssigkeit 10 Minuten sirupartig einkochen lassen.

4 Quitten wieder in den Sirup geben und sofort in vorbereitete Gläser füllen. Diese dann fest verschließen und abkühlen lassen. Trocken und kühl lagern!

Nicht roh essen!

Quitten ähneln optisch Äpfeln und Birnen, eignen sich aber nicht zum Rohverzehr. Geerntet werden sie im Herbst.

Für 3 Gläser à ca. 300 ml:

4 Quitten
Saft von 1/2 Zitrone
2 Vanilleschoten
150 g brauner Zucker
1 Gewürznelke
125 ml Weißwein

Zubereitungszeit:
30 Min.
Nährwerte pro Glas:
343 kcal, 1.435 kJ, 1 g EW, 1 g F, 71 g KH

Sauerkirschkompott

Für 4 Personen:
400 g Sauerkirschen
250 ml Sauerkirschsaft
2 EL Zucker
1/2 Zimtstange
etwas abgeriebene
Zitronenschale (unbehandelt)
2 TL Speisestärke

Zubereitungszeit:
20 Min.
Nährwerte pro Person:
126 kcal, 527 kJ, 1 g EW, 1 g F,
26 g KH

1 Sauerkirschen entstielen, gründlich waschen und entsteinen. 200 ml Kirschsaft mit Zucker, Zimtstange und Zitronenschale in einen Topf geben und langsam aufkochen lassen.

2 Übrigen Kirschsaft mit Speisestärke glatt rühren. Anschließend in die heiße Saftmischung geben und einrühren. Das Ganze bei mittlerer Hitze köcheln lassen, bis es andickt.

3 Kirschen in den Sud geben. Die Mischung langsam aufkochen und 5 Minuten köcheln lassen. Vor dem Servieren ausreichend auskühlen lassen.

Abwechslung tut gut
Anstatt der Kirschen können Sie auch andere Früchte verwenden. Wie wäre es z. B. mit Heidelbeeren oder Himbeeren? Dann sollten Sie auch den entsprechenden Saft verwenden.

Herbstliches Kompott

1 Äpfel und Birnen waschen und schälen. Früchte vierteln, entkernen und in Würfel schneiden. Rosinen in ein Sieb geben, abbrausen und mit Küchenpapier trocken tupfen.

2 Orange unter fließendem heißem Wasser abbürsten. Die Schale mit einem Sparschäler dünn abziehen und hacken. Frucht halbieren und Saft auspressen. Orangenschale und -saft mit Rosinen vermengen.

3 Butter in einem Topf erhitzen. Äpfel und Birnen dazugeben und 5 Minuten unter Rühren schmoren. Braunen Zucker dazugeben, umrühren und 15 Minuten leise köcheln lassen. Orangen-Rosinen-Mischung in den Topf geben und nochmals 15 Minuten köcheln lassen. Dabei immer wieder umrühren. Vor dem Servieren abkühlen lassen.

Für 6 Personen:
4 Äpfel
3 Birnen
125 g Rosinen
1 Orange
60 g Butter
100 g brauner Zucker

Zubereitungszeit:
45 Min.
Garzeit:
35 Min.
Nährwerte pro Person:
290 kcal, 1.213 kJ, 1 g EW, 9 g F, 50 g KH

Perfekte Kombination

Dieses Kompott schmeckt mit Quark oder Crème fraîche besonders gut.

Erdbeer-Rhabarber-Kompott

Für 6 Personen:
250 g Rhabarber
500 g Erdbeeren
250 ml Apfelsaft
100 g Zucker
2 EL feine Speisestärke

Zubereitungszeit:
30 Min.
Kühlzeit:
30 Min.
Nährwerte pro Person:
279 kcal, 1.168 kJ, 2 g EW, 8 g F, 43 g KH

1 Rhabarberstangen mit kaltem Wasser waschen, putzen, schälen und dann in ca. 2 cm große Stücke schneiden.

2 Erdbeeren waschen, putzen und vierteln. Rhabarber mit Apfelsaft und Zucker in einen Topf geben. Dann das Ganze bei mittlerer Hitze einmal aufkochen lassen. Speisestärke mit 3 EL kaltem Wasser anrühren, in das Rhabarberkompott einrühren und nochmals aufkochen.

3 Erdbeeren unter das Kompott heben. Das Erdbeer-Rhabarber-Kompott dann auf Dessertschalen verteilen und anschließend für mindestens 30 Minuten kalt stellen.

Dazu: cremiger Weinschaum

Reichen Sie dazu einen cremigen Weinschaum. Dafür 250 ml Cremefine zum Schlagen mit 75 g Zucker steif schlagen. Nach und nach 150 ml Weißwein unterrühren. Weinschaum auf das Kompott geben und servieren.

Pflaumenkompott mit Orangen und Mandeln

1 Pflaumen waschen und trocken tupfen. Früchte halbieren, Kerne entfernen und Fruchtfleisch in Würfel schneiden. Mit dem Zucker vermengen. 2 Orangen so schälen, dass die weißen Häute mit entfernt werden. Dann die Filets aus den Zwischenhäuten lösen. Die dritte Orange auspressen.

2 Fest verschließbare Gläser gründlich reinigen und trocknen lassen. Pflaumen mit Zucker in einen kleinen Topf geben. Orangensaft zugeben und das Ganze erhitzen. Unter Rühren 10 Minuten köcheln lassen.

3 Mandeln und Orangenfilets zu den Pflaumen geben. 5 Minuten weiterköcheln lassen und anschließend in die vorbereiteten Gläser füllen. Gläser fest verschließen, abkühlen lassen und zum Aufbewahren kalt stellen.

Klassischer Begleiter

Pflaumenkompott ist ein wahrer Klassiker und wird beispielsweise gerne zu Pfannkuchen, Waffeln oder Kaiserschmarrn serviert.

Für 6 Personen:
600 g Pflaumen
120 g Zucker
3 Orangen
20 g Mandeln

Zubereitungszeit:
15 Min.
Garzeit:
15 in.
Nährwerte pro Person:
178 kcal, 745 kJ, 2 g EW, 2 g F, 36 g KH

Apfelkompott

Für 4 Personen:
6 große ‚Boskop'-Äpfel
2 Päckchen Bourbon-Vanillezucker
(z. B. von Alnatura)
1 Msp. Zimtpulver
1 EL Zitronensaft

Zubereitungszeit:
20 Min.
Nährwerte pro Person:
151 kcal, 632 kJ, 1 g EW, 1 g F, 34 g KH

1 Die Äpfel waschen, schälen und vierteln. Die Kerngehäuse entfernen und das Fruchtfleisch in große Würfel schneiden.

2 Äpfel in einen Topf geben. Mit Vanillezucker, Zimt und Zitronensaft vermengen. Das Ganze aufkochen und ca. 10 Minuten köcheln lassen, bis die Äpfel weich sind.

3 Nach Garzeitende das Kompott vom Herd nehmen. Nach Geschmack noch warm oder ausgekühlt servieren.

Vanillesoße
Und dazu eine leckere Vanillesoße! Dafür 400 ml Milch mit 2 EL Rohrohrzucker und 1 EL Bourbon-Vanillezucker vermengen und in einem Topf aufkochen. 100 ml Milch mit 1/2 Päckchen Vanillepuddingpulver glatt rühren. Das Ganze in die kochende Milch rühren und einmal kurz aufkochen lassen. Dann vom Herd nehmen und servieren.

Aprikosenröster

1 Äpfel schälen, entkernen, würfeln und mit Zitronensaft beträufeln. Aprikosen entkernen und Fruchtfleisch klein schneiden. Vanilleschote mit einem spitzen Messer längs halbieren und das Mark herauskratzen.

2 Äpfel, Aprikosen, Vanillemark und Puderzucker in einen Topf geben. Das Ganze zum Kochen bringen und auf kleinster Flamme 25 Minuten leise köcheln lassen. Gelegentlich umrühren.

3 Fest verschließbare Gläser gründlich reinigen und abtropfen lassen. Nach Garzeitende den Topf vom Herd ziehen. Früchte pürieren und auf die Gläser verteilen.

4 Gläser fest verschließen und auskühlen lassen. Aprikosenröster kühl und trocken lagern.

Für 6 Personen:
2 Äpfel
Saft von 1 Zitrone
600 g Aprikosen
1 Vanilleschote
120 g Puderzucker

Zubereitungszeit:
20 Min.
Garzeit:
25 Min.
Nährwerte pro Person:
154 kcal, 644 kJ, 1 g EW, 0 g F, 35 g KH

Topping
Bestreuen Sie den Aprikosenröster vor dem Servieren mit gehackten Amarettini.

Pflaumenröster mit Mascarponeschaum

Für 8 Personen:
40 g Puderzucker
250 g Mascarpone (z. B. von Galbani)
1 Blatt weiße Gelatine
250 ml Orangensaft
500 g Pflaumen
50 g Zucker
1/2 Zimtstange
1 Gewürznelke
250 ml Rotwein
5 g frischer Ingwer
1 EL Balsamico-Essig
1 EL gehackte Pistazien
Pfefferminze zum Garnieren

Zubereitungszeit:
10 Min.
Kühlzeit:
2 Std.
Zieh-/Kochzeit:
je 20 Min.
Nährwerte pro Person:
252 kcal, 1.054 kJ, 5 g EW, 42 g F, 5 g KH

1 Für den Mascarponeschaum Puderzucker mit Mascarpone verrühren. Gelatine in kaltem Wasser einweichen und ausdrücken. Gelatine und 3 EL Orangensaft in einen kleinen Topf geben, leicht erwärmen und Gelatine auflösen. Zusammen mit dem restlichen Saft klumpenfrei unter die Mascarponemasse rühren und in einen Sahnespender füllen. Den Spender verschließen, 2 Kapseln eindrehen, kräftig schütteln und anschließend 2 Stunden kühl stellen.

2 In der Zwischenzeit die Früchte für den Pflaumenröster zubereiten. Dazu die Pflaumen waschen, abtropfen lassen und entsteinen. Das Fruchtfleisch in Spalten teilen und in einen flachen Topf geben. Zucker, Zimt, Nelke sowie Rotwein hinzufügen. Den Ingwer schälen, fein schneiden und zugeben. Die Pflaumen mit den Gewürzen ca. 20 Minuten ziehen lassen.

3 Anschließend die Früchte zum Kochen bringen und bei reduzierter Hitze ca. 20 Minuten einkochen. Nelke und Zimt entfernen. Die Früchte mit Balsamico-Essig abschmecken, auf Gläser oder Schälchen verteilen und auskühlen lassen. Zum Fertigstellen den Sahnespender nochmals kräftig schütteln und den Mascarponeschaum auf den Pflaumenröster spritzen. Mit Pistazien bestreuen und mit frischer Pfefferminze garniert servieren.

Tiramisu mit Rhabarber

1 Für das Biskuit 4 Eier trennen, Eiweiße mit Salz steif schlagen. Eigelbe mit Zucker und 2 EL Wasser schaumig schlagen, Eischnee und Mehl unterheben. Teig auf ein mit Backpapier ausgelegtes Backblech streichen. Im vorgeheizten Backofen bei 200 °C auf der mittleren Schiene 8–10 Minuten backen. Herausnehmen, stürzen und dann das Backpapier abziehen.

2 Rhabarber waschen, putzen, Haut abziehen und in 1 cm breite Stücke schneiden. Vanilleschote längs halbieren und das Mark herausschaben. Beides dann mit Rhabarber, 50 g Zucker, Vanillinzucker und 400 ml Wasser aufkochen. Stärke mit wenig kaltem Wasser anrühren, untermischen und alles 1–2 Minuten kochen.

3 Aus dem Biskuit pro Person 3 Kreise ausschneiden. Zitronensaft und -schale mit den restlichen Eiern und übrigem Zucker schaumig schlagen, Mascarpone unterrühren.

4 Biskuitkreise mit Amaretto beträufeln und abwechselnd mit Rhabarber und Mascarponecreme in die Gläser schichten. Mit Creme abschließen. Für ca. 3 Stunden zugedeckt im Kühlschrank ziehen lassen. Mit Kakao bestäubt servieren.

Für 8 Personen:
8 Eier
Salz
100 g Zucker
100 g Mehl
700 g Rhabarber
1 Vanilleschote
150 g Zucker
2 Päckchen Vanillinzucker
2 TL Speisestärke
Saft von 1 Zitrone
2 TL abgeriebene Zitronenschale (unbehandelt)
500 g Mascarpone
5 EL Amaretto
Kakaopulver zum Bestäuben

Zubereitungszeit:
40 Min.
Backzeit:
10 Min.
Kühlzeit:
3 Std.
Nährwerte pro Person:
544 kcal, 2.276 kJ, 17 g EW, 27 g F, 52 g KH

Heidelbeer-Marzipan-Muffins

Für 12 Stück:
Fett für die Form
200 g Heidelbeeren
100 g Marzipanrohmasse
100 g Butterschmalz
(z. B. von Butaris)
90 g Zucker
1 Prise Salz
4 Eier
150 g Mehl
1 TL Backpulver
Puderzucker zum Bestäuben
einige Johannisbeerrispen zum Garnieren, gezuckert

Zubereitungszeit:
25 Min.
Backzeit:
25 Min.
Nährwerte pro Stück:
163 kcal, 684 kJ, 2 g EW, 9 g F, 18 g KH

1 Backofen auf 180 °C vorheizen. Muffinform einfetten und in den Kühlschrank stellen oder Papierförmchen in die Vertiefungen hineinsetzen. Heidelbeeren waschen und gut abtropfen lassen.

2 Marzipanrohmasse in Stücke schneiden und mit zimmerwarmem Butterschmalz, Zucker, Salz und Eiern in einer Rührschüssel mit dem Handrührgerät gut verrühren. Mehl und Backpulver zufügen und zu einem cremigen Teig verarbeiten.

3 Den Teig zu 2/3 hoch in die Förmchen füllen. Heidelbeeren darauf verteilen und im heißen Backofen auf der mittleren Schiene ca. 25 Minuten backen.

4 Muffins 5 Minuten in der Form abkühlen lassen, anschließend aus der Form lösen und auf ein Kuchengitter setzen. Mit Puderzucker bestäuben. Nach Wunsch mit gezuckerten Johannisbeerrispen garnieren und servieren.

Rhabarber-Baiser-Muffins

1 Rhabarberstängel mit kaltem Wasser waschen, schälen und in 5 mm dicke Stücke schneiden. Dann mit etwas Mehl bestäuben. Den Backofen auf 180 °C vorheizen.

2 Weiche Butter, Zucker und Vanillezucker in einer Schüssel mit dem Schneebesen schaumig rühren. Salz, Milch, Orangenschale und Orangensaft hinzufügen. 3 Eigelbe nach und nach unterrühren.

3 Mehl, Mandeln und Backpulver mischen und zügig unter den Teig rühren. Rhabarberstückchen unterheben. Amarettini in einen Gefrierbeutel geben und mit einem Nudelholz fein zerbröseln. Muffinform einfetten und mit einem Teil der Amarettinikrümel ausstreuen. Teig in die Mulden füllen und im Ofen auf der mittleren Schiene 20 Minuten backen.

4 Eiweiß steif schlagen, Puderzucker und restliche Amarettinikrümel einrieseln lassen. Muffins aus dem Ofen nehmen, Eiweißmasse auf den Muffins verteilen und weitere 10 Minuten backen; dabei darauf achten, dass die Baisermasse nicht zu dunkel wird. Muffins im Blech 5 Minuten ruhen lassen, dann aus der Form lösen und abkühlen lassen.

Für 12 Stück:
200 g Rhabarber
Mehl zum Bestäuben
150 g Butter
100 g Rohrohrzucker
(z. B. von Alnatura)
1 Päckchen Bourbon-Vanillezucker
1 Prise Salz
3 EL Milch
abgeriebene Orangenschale
2 EL Orangensaft
3 Eier, getrennt
200 g Weizenmehl (Type 1050)
50 g gemahlene Mandeln
2 TL Weinsteinbackpulver
100 g Amarettini
2 EL Puderzucker

Zubereitungszeit:
30 Min.
Backzeit:
30 Min.
Nährwerte pro Stück:
270 kcal, 1.130 kJ, 5 g EW, 16 g F, 28 g KH

Aprikosenkuchen

Für ca. 12 Stücke:
Butter und Paniermehl für das Backblech
750 g Aprikosenhälften
150 g Butter
100 g Zartbitterschokolade mit Orange (z. B. von Alnatura)
100 g brauner Zucker
1 Päckchen Bourbon-Vanillezucker
4 Eier
250 g Weizenmehl (Type 1050)
2 TL Weinsteinbackpulver
2 EL Cognac
Salz
80 g Aprikosenkonfitüre

Zubereitungszeit:
20 Min.
Backzeit:
35 Min.
Nährwerte pro Stück:
319 kcal, 1.335 kJ, 6 g EW, 15 g F, 38 g KH

1 Ein Backblech mit Butter gut einfetten und mit Paniermehl ausstreuen. Backofen auf 175 °C vorheizen. Aprikosen waschen, halbieren und entsteinen. Butter und Schokolade in einem Topf bei milder Hitze schmelzen und wieder abkühlen lassen. Buttermasse in eine Schüssel geben und mit den Quirlen des Handrührgerätes schaumig schlagen.

2 Nach und nach braunen Zucker, Vanillezucker und 1 Ei unter die Buttermasse rühren. Restliche Eier trennen und die Eigelbe nacheinander gründlich unter die Masse mengen. Weitere 5 Minuten rühren.

3 Mehl und Weinsteinbackpulver mischen und mit dem Cognac unter die Buttermasse arbeiten. Eiweiß mit 1 Prise Salz zu steifem Schnee schlagen und ebenfalls unter den Teig heben. Teig auf dem Backblech verstreichen und mit den Aprikosen belegen. Kuchen im heißen Ofen 30–35 Minuten backen.

4 Inzwischen die Aprikosenkonfitüre aufkochen und durch ein Sieb streichen. Den noch heißen Kuchen damit bepinseln.

Apfelkuchen mit Butterstreuseln

1 Die Zutaten für den Boden in eine Schüssel geben und zu einem Rührteig verarbeiten. Den Teig auf einem gefetteten Backblech ausbreiten. Die geschälten und entkernten Äpfel klein schneiden und auf dem Teig verteilen.

2 Für die Streusel Zucker, Butter, Mehl und Kokosraspeln miteinander verrühren, auf den Teig geben und bei 175 °C 40–50 Minuten backen.

Zimtnote

Besonders lecker schmeckt der Apfelkuchen mit einem Hauch von Zimt. Einfach 1 TL Zucker-Zimt-Mischung darüberstreuen und genießen.

Für ca. 24 Stücke:
Für den Boden:
200 g Butter
200 g feinster Zucker
(z. B. von SweetFamily)
1 Päckchen Vanillezucker
3 Eier, 400 g Mehl
1/2 Päckchen Backpulver
Margarine zum Fetten des Backblechs
Für den Belag:
1 1/2 kg Äpfel
Für die Streusel:
180 g feinster Zucker
(z. B. von SweetFamily)
180 g Butter
200 g Mehl
80 g Kokosraspeln

Zubereitungszeit:
30 Min.
Backzeit:
50 Min.
Nährwerte pro Portion:
335 kcal, 1.403 kJ, 4,26 g EW, 17 g F, 42 g KH

Mandeltarte mit Erdbeeren

Für ca. 12 Stücke:
150 g Mehl
50 g gemahlene Mandeln
1 EL Zucker, 1 TL Salz
100 g Butter, 2 Eier
1 Vanilleschote
200 ml Milch
300 g Crème fraîche
5 Eigelbe
120 g Zucker
Butter für die Form
Mehl für die Arbeitsfläche
Erbsen oder Bohnen zum Blindbacken
200 g Erdbeeren
100 g Mandelblättchen
3 EL Zucker
1 Msp. Zimtpulver

Zubereitungszeit:
45 Min.
Backzeit:
80 Min.
Nährwerte pro Stück:
357 kcal, 1.498 kJ, 9 g EW, 25 g F, 23 g KH

1 Mehl, gemahlene Mandeln, Zucker und Salz in einer flachen Schüssel mischen. Butter in Würfel schneiden und zusammen mit 1 Ei dazugeben. Alle Zutaten miteinander verkrümeln. Krümel zu einer Kugel kneten, in Folie wickeln und 30 Minuten im Kühlschrank ruhen lassen. Backofen auf 200 °C vorheizen. Vanilleschote mit einem Messerrücken auskratzen. Milch mit Crème fraîche und Mark aufkochen.

2 In einer Schüssel auf einem heißen Wasserbad Eigelbe mit dem zweiten Ei und 120 g Zucker verrühren, Vanillecreme zugeben und rühren, bis die Soße einzudicken beginnt. Sofort durch ein feines Sieb gießen und abkühlen. Quicheform (Ø 26 cm) buttern, Mürbeteig auf einer bemehlten Arbeitsfläche ausrollen und die Form damit auslegen. Den Teigboden in der Form mit einem Stück Backpapier oder Alufolie auslegen und mit Erbsen oder Bohnen beschweren. 15 Minuten vorbacken. Ofen auf 140 °C zurückschalten. Füllung auftragen, 1 Stunde im Ofen stocken lassen.

3 Kuchen mit Erdbeerscheiben belegen, mit Mandelblättchen bestreuen. Zucker und Zimt mischen, auf die Mandeln streuen und kurz unter dem Backofengrill karamellisieren.

Saftiger Pflaumenkuchen

1 Die Zutaten für den Boden in eine Schüssel geben und zu einem Mürbeteig verkneten. Den Mürbeteig in eine gefettete Springform 5 mm dick auslegen und mit dem Paniermehl bestreuen.

2 Die Pflaumen waschen, entsteinen und halbieren. Den Teig schuppenförmig mit den Pflaumenhälften belegen. Die Innenseiten der Pflaumen müssen dabei nach oben zeigen.

3 Den Zucker mit dem Nelkenpulver vermischen und die Pflaumen damit bestreuen. Den Pflaumengeist darüberträufeln und die Mandelblättchen sowie die Butter in kleinen Flöckchen darauf verteilen. Den Kuchen bei 200 °C etwa 25 Minuten lang backen.

Für 16 Stücke:
Für den Boden:
150 g Butter
250 g Mehl
50 g brauner Zucker
(z. B. von SweetFamily)
2 Eigelbe, 1 Prise Salz
1–3 EL Milch
Margarine
3 EL Paniermehl
Für den Belag:
2 kg Pflaumen
50 g brauner Zucker
(z. B. von SweetFamily)
1 Msp. Nelkenpulver
3 EL Pflaumengeist
50 g gehobelte Mandeln
75 g Butter

Zubereitungszeit:
45 Min.
Backzeit:
25 Min.
Nährwerte pro Stück:
273 kcal, 1.152 kJ, 4 g EW, 15 g F, 30 g KH

Winzertorte

Für ca. 4 Stücke:
2 Zitronen (unbehandelt)
70 g Puderzucker, 170 g Mehl
100 g Butter, kalt und gewürfelt
Meersalz (z. B. von Alnatura)
3 Eigelbe
Erbsen zum Blindbacken
150 g Sahne
3 Blatt Gelatine
70 g Rohrohrzucker
120 ml Prosecco
je 200 g blaue und
weiße kernlose Trauben
20 ml Grappa
200 ml weißer Traubensaft
1 Packung Tortenguss

Zubereitungszeit:
45 Min.
Ruhe-/Backzeit:
je 30 Min.
Kühlzeit:
1 Std.
Nährwerte pro Stück:
736 kcal, 3.079 kJ, 10 g EW,
30 g F, 98 g KH

1 Zitronen heiß waschen und trocknen, Schale fein reiben, Saft auspressen. Puderzucker mit Mehl in eine Schüssel sieben. Zitronenschale, Butter sowie Salz dazugeben und alles vermengen. Zuletzt 1 Eigelb hinzufügen. Auf einer bemehlten Fläche 2 mm dick ausrollen, in eine Tarteform legen und 1/4 Stunde in den Kühlschrank stellen. Backofen auf 180 °C vorheizen.

2 Backpapier auf den Teig legen, Erbsen zum Blindbacken daraufgeben. Teig 30 Minuten goldbraun backen. Nach der Hälfte der Backzeit Erbsen entfernen. Sahne schlagen. Gelatine nach Packungsanweisung in kaltem Wasser einweichen. Restliche Eigelbe mit 40 g Zucker, 1 EL Zitronensaft und Prosecco über einem heißen Wasserbad schaumig schlagen, dann wieder kalt schlagen. Gelatine ausdrücken, in einem Topf bei schwacher Hitze in etwas Wasser auflösen und unter die Creme rühren, dann Sahne unterheben. Proseccocreme auf den Mürbeteig geben und glatt streichen. Mindestens 1 Stunde kalt stellen.

3 Weintrauben waschen, halbieren und mit 1 EL Zitronensaft, 30 g Zucker und Grappa 1/2 Stunde marinieren. In einem Sieb abtropfen lassen, Sud auffangen. Trauben auf der Creme verteilen. Marinade mit Traubensaft auf 250 ml auffüllen, mit Tortenguss verrühren, aufkochen und über die Trauben geben.

Brombeertörtchen

1 Mehl sieben und in die Mitte eine Vertiefung drücken. Puderzucker, Salz, Vanillezucker und Ei hineingeben. Mit etwas Mehl vom Rand vermengen. Butter in Stücken darauf verteilen und mit Mehl bedecken. Zutaten von der Mitte her zu einem glatten Teig verkneten. 30 Minuten kalt stellen.

2 Backofen auf 200 °C vorheizen. 12 Tarteletteförmchen einfetten. Den Teig auf einer bemehlten Arbeitsfläche ausrollen und in die Förmchen legen. Mit einer Gabel mehrmals einstechen. In den heißen Ofen schieben und ca. 10 Minuten backen. Für den Belag die Beeren putzen. Zucker in einen Topf geben und langsam unter Rühren schmelzen, bis er eine hellbraune bis goldene Farbe angenommen hat. Dann mit Weißwein ablöschen.

3 Hälfte der Beeren hineingeben und ca. 8 Minuten köcheln lassen. Beeren-Zucker-Mischung durch ein Sieb gießen. Saft auffangen und zurück in den Topf geben.

4 Speisestärke mit etwas kaltem Wasser glatt rühren. Saft zum Kochen bringen. Speisestärke einrühren, aufkochen und auskühlen lassen. Doppelrahm-Frischkäse mit Cassis glatt rühren. Sahne steif schlagen und unterheben. Creme auf den Törtchen verteilen. Brombeeren auflegen und mit Gelee überziehen.

Für 12 Stück:
150 g Mehl
50 g Puderzucker
1 Prise Salz
1 Päckchen Vanillezucker
1 Ei
100 g kalte Butter
Fett für die Förmchen
Mehl für die Arbeitsfläche
1 kg Brombeeren
50 g Zucker
125 ml Weißwein
1 EL Speisestärke
200 g Doppelrahm-Frischkäse
3 EL Cassis
250 g Sahne

Zubereitungszeit:
30 Min.
Kühlzeit:
35 Min.
Backzeit:
10 Min.
Nährwerte pro Stück:
310 kcal, 1.297 kJ, 5 g EW, 20 g F, 24 g KH

Heidelbeer-Käsekuchen

Für 12 Stücke:
200 g abgetropfter Quark
100 ml Milch
3 Eier, 1/8 l Öl
1 Päckchen Vanillezucker
1 Prise Salz
400 g Mehl
1 Päckchen Backpulver
1 kg Heidelbeeren
125 g Sahne
30 g Speisestärke
200 g Zucker
1 TL Zitronenschale (unbehandelt)
2 EL Zitronensaft
1 Eigelb
400 g Schmand
50 g Mandelblättchen

Zubereitungszeit:
30 Min.
Backzeit:
35 Min.
Nährwerte pro Stück:
490 kcal, 2.052 kJ, 10 g EW, 26 g F, 53 g KH

1 Den Quark durch ein Sieb streichen. Milch, 1 Ei, Öl, Vanillezucker und Salz unterrühren. Mehl und Backpulver vermischen, auf die Quarkmasse sieben und unterkneten.

2 Den Backofen auf 200 °C vorheizen. Ein Backblech einfetten. Den Teig auf bemehlter Fläche ausrollen, auf das Blech legen und einen Rand hochziehen.

3 Heidelbeeren waschen und abtropfen lassen. Quark durch ein Sieb streichen. Sahne, 1 Ei, Speisestärke, 100 g Zucker, Zitronenschale und Zitronensaft unterrühren. Quarkmasse auf den Teig streichen und mit den Heidelbeeren belegen.

4 Eigelb, Schmand, das dritte Ei und den restlichen Zucker verrühren, die Beeren damit überziehen. Den Kuchen im vorgeheizten Backofen etwa 35 Minuten backen.

5 Mandelblättchen in einer beschichteten Pfanne ohne Fett goldbraun rösten. Den fertigen Kuchen aus dem Ofen nehmen und noch warm mit den Mandelblättchen bestreuen.

Charlottka

1 Gelatine in kaltem Wasser einweichen. Milch und Sahne sprudelnd aufkochen. Topf von der Kochstelle nehmen und Vanillepudding einrühren. 1 Minute weiterrühren.

2 Gelatine ausdrücken und unter den heißen Pudding rühren. Unter Rühren etwas abkühlen lassen, dann die saure Sahne untermischen.

3 Boden und Rand einer Springform (Ø 18 cm) mit Löffelbiskuits auslegen. Dafür die Biskuits für den Boden zurechtschneiden und für den Formrand passend zur Höhe unten gerade abschneiden, damit sie aufrecht „stehen".

4 Den Pudding einfüllen. Mit Frischhaltefolie und einem Teller beschweren und für mindestens 4 Stunden, besser über Nacht, kalt stellen. Folie entfernen und die Charlottka aus der Form lösen. Nach Belieben mit Obst der Saison dekorieren.

Für 6 Personen:
4 Blatt weiße Gelatine
750 ml Milch
125 g Sahne
1 Packung Vanillepudding (z. B. von Mondamin)
125 g saure Sahne
ca. 200 g Löffelbiskuits
Obst der Saison (z. B. Himbeeren)

Zubereitungszeit:
30 Min.
Kühlzeit:
4 Std.
Nährwerte pro Person:
379 kcal, 1.593 kJ, 10 g EW, 14 g F, 52 g KH

Beeren mit Amaretticreme

Für 4 Personen:
400 g gemischte Beeren
2 EL Zucker
2 EL Zitronensaft
100 g Amaretti (ital. Mandelgebäck)
2 EL Amaretto
200 g griechischer Joghurt
2 Eigelbe
2 EL Mehl
abgeriebene Schale von 2 Zitronen (unbehandelt)

Zubereitungszeit:
15 Min.
Backzeit:
20 Min.
Nährwerte pro Person:
315 kcal, 1.318 kJ, 7 g EW, 13 g F, 36 g KH

1 Backofen auf 180 °C vorheizen. Die Beeren evtl. waschen, mit Zucker und Zitronensaft mischen und in eine ofenfeste Form geben.

2 Amaretti in einen Gefrierbeutel geben und mit einem Nudelholz fein zerdrücken. Die Krümel mit Amaretto, Joghurt, Eigelben, Mehl und Zitronenschale verrühren.

3 Beeren im Backofen auf der mittleren Schiene ca. 20 Minuten backen. Anschließend etwas abkühlen lassen und auf Desserttellern servieren.

Mild und sahnig

Griechischer Joghurt ist mit 10 % Fett im Milchanteil besonders sahnig. Das Original wird aus Schafs- oder Ziegenmilch hergestellt, was dem Joghurt seinen besonderen Geschmack verleiht und ihn milder als den herkömmlichen macht.

Erdbeercrespelle mit Pistaziencreme

1 Aus Mehl, Milch, Zucker und Eiern mit den Quirlen des Handrührgerätes einen glatten Teig rühren. Diesen durch ein feines Sieb streichen. Margarine portionsweise in einer Pfanne erhitzen und bei mittlerer Hitze nacheinander 8 dünne Pfannkuchen backen.

2 Die Erdbeeren waschen, putzen und grob würfeln. Cremefine und Vanillinzucker mit den Quirlen des Handrührgerätes steif schlagen. Pistazien sehr fein hacken. Pistazien und Erdbeeren unter die aufgeschlagene Creme ziehen.

3 Die Pfannkuchen zweimal zur Mitte zusammenklappen, sodass ein Viertel entsteht. Die Füllung auf die 8 Pfannkuchen verteilen und jeweils in die oberste Kammer der Viertel geben.

4 Zum Schluss noch mit Puderzucker bestäuben und mit Minze garniert servieren.

Für 8 Stück:
50 g Mehl
200 ml Milch
1 Prise Zucker
2 Eier
40 g Margarine
500 g Erdbeeren
250 ml Cremefine zum Schlagen
1 Päckchen Vanillinzucker
50 g Pistazien
3 EL Puderzucker
Minze zum Garnieren

Zubereitungszeit:
30 Min.
Nährwerte pro Stück:
448 kcal, 1.864 kJ, 11 g EW, 30 g F, 32 g KH

Apfel-Birnen-Crumble

Für 6 Personen:
500 g Äpfel
200 g Birnen
Fett für die Förmchen
3 EL Zucker
Saft von 1/2 Zitrone
150 g kernige Haferflocken
125 g brauner Zucker
60 g Mehl
1 TL Zimtpulver
100 g Butter

Zubereitungszeit:
30 Min.
Backzeit:
25 Min.
Nährwerte pro Person:
430 kcal, 1.799 kJ, 5 g EW, 16 g F, 66 g KH

1 Äpfel und Birnen schälen, halbieren, vom Kerngehäuse befreien und das Fruchtfleisch in kleine Würfel schneiden.

2 Apfel- und Birnenstücke in gefettete Portionsförmchen verteilen, mit Zucker bestreuen und mit Zitronensaft beträufeln. Backofen auf 180 °C vorheizen. Haferflocken mit braunem Zucker, Mehl und Zimt vermischen.

3 Butter bei schwacher Hitze zerlassen, kurz abkühlen lassen und mit der Haferflockenmischung mit den Fingern zu Krümeln verkneten. Krümel über dem Obst verteilen und im heißen Ofen 20–25 Minuten goldbraun überbacken. Noch warm servieren.

Saisonale Varianten

Für das Crumble können auch andere Früchte verwendet werden – für eine sommerliche Variante eignen sich beispielsweise Rhabarber und/oder Aprikosen.

Erdbeer-Joghurt-Creme

1 5 Blatt und 2 Blatt Gelatine getrennt in kaltem Wasser einweichen. Sahne mit Zucker in einer Schüssel steif schlagen. Die 5 Blatt Gelatine tropfnass in einen kleinen Topf geben und auflösen, etwas abkühlen lassen und zügig in den Joghurt einrühren. Sobald die Masse beginnt, fest zu werden, Sahne unterheben und die Joghurtcreme in kleine Dessertgläser füllen.

2 Erdbeersaft in einem kleinen Topf erwärmen, die restliche Gelatine darin auflösen und mit einem Esslöffel über der Creme verteilen. Erdbeeren putzen, waschen, in Scheiben schneiden und dekorativ auf dem Fruchtgelee anrichten.

3 Die Joghurtcreme für mindestens 1 Stunde in den Kühlschrank stellen. Nach Belieben mit Minzeblättchen garnieren und dann servieren.

Für 4 Personen:
7 Blatt Gelatine
200 g Sahne
2 EL Zucker
500 g Erdbeerjoghurt
100 ml Erdbeersaft
6 große Erdbeeren
8 Minzeblättchen zum Garnieren

Zubereitungszeit:
15 Min.
Kühlzeit
1 Std.
Nährwerte pro Person:
363 kcal, 1.519 kJ, 17 g EW, 19 g F, 30 g KH

Trauben-Cantuccini-Dessert

Für 4 Personen:
800 g dunkle Trauben
Saft von 1 Zitrone
140 ml heller Traubensaft
200 g Ricotta
300 g Joghurt
2 Päckchen Bourbon-Vanillezucker
2 EL Zucker
200 g Cantuccini
(ital. Mandelgebäck)
Weinblätter und Trauben zum Garnieren

Zubereitungszeit:
30 Min.
Kühlzeit:
2 Std.
Nährwerte pro Person:
545 kcal, 2.289 kJ, 9 g EW, 19 g F, 82 g KH

1 Trauben waschen, halbieren und bei Bedarf entkernen. Zitronensaft und Traubensaft mischen. 6 EL davon zur Seite stellen. Übrigen Saft mit Ricotta, Joghurt, Vanillezucker und Zucker verrühren.

2 Eine Schicht Cantuccini in eine flache Form legen und mit der Hälfte der Saftmischung beträufeln. Die Hälfte der Trauben darauf verteilen und mit der Hälfte der Ricotta-Joghurt-Creme bedecken. Mit den restlichen Zutaten den Vorgang wiederholen.

3 Trauben-Cantuccini-Dessert im Kühlschrank ca. 2 Stunden ziehen lassen. Vor dem Servieren in Stücke schneiden und nach Wunsch mit Weinblättern und Trauben garnieren.

Öfter mal was Neues
Anstatt der Trauben kann auch anderes Obst verwendet werden. Wie wär's mit Aprikosen oder Pfirsichen? Diese einfach waschen, halbieren, entsteinen und das Fruchtfleisch in kleine Würfel schneiden. Anschließend wie beschrieben anstatt der Trauben verwenden.

Portweinpflaumen mit Vanillemascarpone

1 Pflaumen waschen, halbieren und entsteinen. Portwein, Zucker, Sternanis und Zimtstange in einen Topf geben und aufkochen. Pflaumen dazugeben und zugedeckt 6–8 Minuten in dem Portweinsud dünsten.

2 Speisestärke mit etwas kaltem Wasser verrühren und unter Rühren zu den Pflaumen geben. Einmal aufkochen, den Topf vom Herd nehmen und die Portweinpflaumen abkühlen lassen. Sternanis und Zimtstange entfernen.

3 Vanilleschote längs aufschlitzen und das Mark herauskratzen. Vanilleschote, Vanillemark, Orangenschale und Milch in einen kleinen Topf geben und erhitzen. Topf vom Herd nehmen.

4 Kuvertüre in Stücke hacken und in der heißen Milch schmelzen. Masse abkühlen lassen. Vanilleschote entfernen. Mascarpone mit den Quirlen des Handrührgerätes verrühren und die Vanille-Schokoladen-Milch unterrühren. Portweinpflaumen auf vier Dessertschalen anrichten, den Vanillemascarpone dazu servieren.

Zutaten für 4 Personen:
500 g Pflaumen
200 ml Portwein
50 g Zucker
1 Sternanis
1 Zimtstange
1 gestr. EL Speisestärke
1 Vanilleschote
1 TL abgeriebene Orangenschale (unbehandelt)
100 ml Milch
100 g weiße Kuvertüre
200 g Mascarpone

Zubereitungszeit:
30 Min.
Garzeit:
8 Min.
Nährwerte pro Person:
536 kcal, 2.244 kJ, 4 g EW, 27 g F, 55 g KH

Sangria

Für 10 Gläser:
800 g gemischte Beeren
(z. B. Blaubeeren, Himbeeren, Erdbeeren)
2 reife kernlose Orangen (unbehandelt)
100 ml Cointreau
Zucker nach Belieben
1 1/2 l Rotwein
80 ml Grenadinesirup
Eiswürfel
Minze zum Garnieren

Zubereitungszeit:
30 Min.
Kühlzeit:
24 Std.
Nährwerte pro Glas:
227 kcal, 950 kJ, 15 g Alk, 0 g F, 28 g KH

1 Beeren putzen. Dann waschen, trocken tupfen und gegebenenfalls vierteln. Die Orangen heiß waschen, trocken reiben und nach Belieben schälen, dann in mundgerechte Stücke schneiden.

2 Früchte in ein Bowlegefäß geben und mit Cointreau übergießen. Nach Geschmack etwas Zucker zugeben und etwas verrühren. Dann zugedeckt ca. 24 Stunden an einem kühlen Ort ziehen lassen.

3 Am nächsten Tag den Bowleansatz mit Rotwein und Grenadinesirup auffüllen. Nochmals ca. 1 Stunde ziehen lassen. Kurz vor dem Servieren reichlich Eiswürfel zugeben und mit Minze garniert servieren.

Heidelbeershake

1 Heidelbeeren waschen und verlesen. 2 EL Beeren beiseitestellen, die übrigen in den Mixer geben.

2 Ca. 100 ml gekühlten Sojadrink Kalzium zu den Heidelbeeren geben und alles fein pürieren, dabei langsam weitere 400 ml Sojadrink zugießen.

3 Heidelbeershake mit Honig und Grenadine abschmecken. Zum Schluss zerstoßene Eiswürfel untermixen.

4 Als Dekoration die restlichen ganzen Heidelbeeren auf kleine Holzspieße stecken und in die Gläser stellen. Shake eingießen und servieren.

Für 4 Shakes:
400 g Heidelbeeren
500 ml Sojadrink Kalzium (z. B. von Alpro soya)
1 EL Honig
2 EL Grenadine (Granatapfelsirup)
16 Eiswürfel, zerstoßen

Zubereitungszeit:
10 Min.

Nährwerte pro Shake:
113 kcal, 473 kJ, 0 g Alk, 5 g F, 7 g KH

Himbeerdrink

Für 4 Drinks:
200 g Himbeeren
250 g fettarmer Joghurt
250 ml Cremefine zum Schlagen
300 ml Mineralwasser
5 EL Ahornsirup
Eiswürfel

Zubereitungszeit:
10 Min.
Nährwerte pro Drink:
199 kcal, 833 kJ, 0 g Alk, 13 g F, 16 g KH

1 Himbeeren verlesen, bei Bedarf waschen und dann abtropfen lassen. Ein paar Beeren für die Garnitur beiseitelegen, die restlichen pürieren.

2 Joghurt, Cremefine und Mineralwasser glatt rühren. Himbeerpüree unterheben. Alles gut vermischen und mit Ahornsirup abschmecken.

3 Einige Eiswürfel in 4 Gläser geben und mit dem Himbeerdrink auffüllen. Mit Himbeeren garniert servieren.

Vielfacher Genuss
Die Himbeeren können Sie durch alle Früchte Ihrer Wahl ersetzen. Der Drink schhmeckt immer lecker!

Beeren-Kefir-Shake

1 Beeren putzen, evtl. waschen und abtropfen lassen. Ingwer schälen und reiben. Aus der halben Vanilleschote das Mark herauskratzen.

2 Ingwer und Vanille mit Beeren, Kefir, Milch, Zitronensaft, Zucker und Eiswürfeln im Mixer pürieren und den Shake in 4 vorbereitete Gläser füllen.

3 Joghurt glatt rühren, vorsichtig eingießen und mit einem Holzstirrer spiralförmig durchziehen. Erdbeeren waschen, halbieren, auf den Glasrand stecken und Shakes mit Strohhalmen servieren.

Kefir

Sie können das Kefirgetränk selbst herstellen. Dazu benötigen Sie einen Kefirpilz, der in Milch eingelgt wird. Es gibt übrigens auch eine Variante mit einer Wasser-Zucker-Zitronen-Mischung.

Für 4 Shakes:
250 g Beeren
1 cm frische Ingwerwurzel
1/2 Vanilleschote
1/2 l Kefir
200 ml Milch
1 EL Zitronensaft
2 EL Zucker
8 Eiswürfel
200 g Joghurt
4 Erdbeeren

Zubereitungszeit:
15 Min.
Nährwerte pro Shake:
185 kcal, 775 kJ, 0 g Alk, 7 g F, 19 g KH

Pfirsich-Erdbeer-Shake

Für 4 Shakes:
2 Pfirsiche
250 g Erdbeeren
2 EL Honig
2 Vanilleschoten
800 ml Milch

Zubereitungszeit:
15 Min.
Nährwerte pro Shake:
204 kcal, 857 kJ, 0 g Alk, 7 g F, 26 g KH

1 Pfirsiche häuten. Wenn sich die Haut nicht leicht abziehen lasst, Pfirsiche erst oben kreuzförmig einritzen, dann mit heißem Wasser überbrühen und kurz ziehen lassen. Anschließend häuten.

2 Pfirsiche halbieren, entsteinen und das Fruchtfleisch in kleine Würfel schneiden. Erdbeeren waschen, trocken tupfen, putzen und klein schneiden. Früchte jeweils getrennt mit 1 EL Honig mischen und kurz Saft ziehen lassen.

3 In der Zwischenzeit die Vanilleschoten der Länge nach aufschlitzen. Dann das Mark mit dem Messerrücken herauskratzen. Pfirsiche mit dem Vanillemark und der Hälfte der Milch in einem Standmixer fein pürieren. Anschließend die Erdbeeren mit der restlichen Milch mixen.

4 Fruchtshakes in 2 getrennte Kännchen füllen. Danach gleichzeitig von links und rechts in 4 hohe Gläser füllen. Shakes mit Strohhalm frisch servieren.

Brombeer-Bananen-Smoothie

1 Bananen schälen und in Scheiben schneiden. Brombeeren putzen, bei Bedarf abbrausen und trocken tupfen.

2 Bananenscheiben, Brombeeren und Cremefine mit Honig in einen Standmixer geben. Das Ganze fein pürieren.

3 4 Gläser halb mit Eiswürfeln füllen. Brombeer-Bananen-Smoothie darübergießen und sofort servieren.

Leckere Variationen

Ganz nach Geschmack kann der Brombeer-Bananen-Smoothie mit etwas frisch gepresstem Limettensaft abgeschmeckt werden. Gut machen sich auch noch ein paar größere Bananenstücke.

Für 4 Smoothies:
250 g Bananen
200 g Brombeeren
250 ml Cremefine zum Schlagen
1 EL Honig
Eiswürfel

Zubereitungszeit:
10 Min.

Nährwerte pro Smoothie:
204 kcal, 854 kJ, 0 g Alk, 13 g F, 19 g KH

Beerensmoothie mit Amarettokrokant

Für 4 Smoothies:
400 g gemischte Beeren (Heidelbeeren, Brombeeren, Johannisbeeren, Himbeeren)
50 g Amarettini
50 g Zucker
Öl für das Blech
1 reife Banane
3/4 l Milch
2 Tropfen Vanillearoma

Zubereitungszeit:
20 Min.
Kühlzeit:
1 Tag
Nährwerte pro Smoothie:
277 kcal, 1.163 kJ, 0 g Alk, 9 g F, 40 g KH

1 Beeren am Vortag verlesen, waschen und einfrieren. Amarettini fein zerbröseln. Zucker in einer beschichteten Pfanne erhitzen, bis er schmilzt. Amarettinibrösel hinzugeben und bei schwacher Hitze unter ständigem, vorsichtigem Rühren kochen, bis die Masse eine goldbraune Farbe annimmt.

2 Die Pfanne sofort vom Herd nehmen und die Masse auf ein leicht geöltes Blech oder, wenn vorhanden, auf eine Marmorplatte, gießen. Die Masse verstreichen und stehen lassen, bis sie erstarrt und kalt ist, dann in Stücke brechen.

3 Gefrorene Beeren und geschälte Banane im Mixer pürieren, dabei die Milch und das Vanillearoma einlaufen lassen. Den Drink in Gläser füllen, Amarettinikrokant darauf verteilen und servieren.

Gesunde Früchtchen
Rote Johannisbeeren gehören zu unseren säurereichsten Früchten und liefern viel Vitamin C sowie wichtige Ballaststoffe.

Roter Sundowner

1 Himbeeren putzen, waschen, abtropfen lassen und mit dem Stabmixer pürieren. Anschließend durch ein Sieb streichen, um die Kerne aufzufangen.

2 Pfirsichnektar, Zitronensaft und Rum in das Longdrinkglas geben. Mit dem Barlöffel vorsichtig verrühren und dann das Ganze mit Sekt auffüllen. Das Himbeerpüree vorsichtig auf den Drink geben und nicht mehr umrühren.

Für 1 Drink:
10 frische Himbeeren
5 cl Pfirsichnektar
1 EL Zitronensaft
3 cl brauner Rum
Sekt zum Auffüllen

Zubereitungszeit:
10 Min.
Nährwerte pro Drink:
227 kcal, 950 kJ, 19 g Alk, 1 g F, 18 g KH

Klassischer „Sundowner"

Der original „Sundowner" wird aus 3 cl Weinbrand, je 1 cl Mandarinenlikör, Orangen- und Zitronensaft im Shaker zubereitet. Als Garnitur steckt man Mandarinenspalten auf einen Spieß und stellt diesen ins Glas.

Himbeer-Minz-Bowle

Für 12 Gläser:
500 ml Apfelsaft
2 Beutel Pfefferminztee
3 EL Agavendicksaft
(z. B. von Alnatura)
1 Limette (unbehandelt)
300 g Himbeeren
frische Minzblätter
500 ml Mineralwasser

Zubereitungszeit:
25 Min.
Kühlzeit:
2 Std.
Nährwerte pro Glas:
37 kcal, 155 kJ, 0 g Alk, 0 g F, 8 g KH

1 200 ml Apfelsaft zu Eiswürfeln gefrieren. Teebeutel mit 500 ml kochendem Wasser aufgießen und 10 Minuten ziehen lassen. Den Tee mit Agavendicksaft süßen und abkühlen lassen.

2 Limette heiß waschen und trocken reiben. Dann in Scheiben schneiden. Himbeeren abbrausen und abtropfen lassen. Minzblätter waschen und trocken tupfen.

3 Übrigen Apfelsaft, Pfefferminztee sowie Mineralwasser in eine Bowleschüssel geben. Himbeeren, Limettenscheiben und Minzeblätter dazugeben und das Getränk 2 Stunden kühl stellen. Vor dem Servieren die Apfelsafteiswürfel in die Bowle geben.

Pflanzliche Süße

Agavendicksaft ist übrigens ein natürliches Süßungsmittel, das aus der Agave gewonnen wird.

Sachregister

Rezeptregister

Bildnachweis

Wir bedanken uns bei allen Bildlieferanten, die uns durch die Bereitstellung von Abbildungen freundlicherweise unterstützt haben.

Almond Board of California: 74; Alnatura: 66, 71, 72, 76, 94; Alpro soya: 87; Butaris: 70; Erdgas: 54; Food Professionals: 89, 92; fotolia.com: Elenathewise 4; miskolin 5; Carmen Steiner 6; Marco Desscouleurs 13; JackF 8, 17; maljalen 10; 77SimonGruber 15; Darius Preiß 19; sonne fleckl 21; Stefan Körber 22; Skydiverss 23; arashamburg 25; photocrew 26; D. Ott 27; tinadefortunata 3, 28; Printemps 29; CHG 30; Martina Berg 32 l.; Tomo Jesenicnik 32 r.; Anette Linnea Rasmus 33 r.; focus finder 34; Kent Sørensen 35 l.; Swetlana Wall 35 r., 39, 45 r.; M. Schuppich 36 r.; pgm 37 l.; LianeM 37 r., 48 l.; beerfan 38 l.; emer 38 r.; Michael Klug 40 l.; Carroll 40 r.; Mark J. Grenier 41; nito 42; Alterfalter 43 l.; Imagemaker 43 r.; ExQuisine 44 l.; Aamon 3, 45 l.; RRF 46; illustrez-vous 47 l.; .shock 47 r.; Galbani: 68; Görlach/Südwest Verlag 53; iStockphoto.com: cjp 44 r.; vandervelden 49; Karl Newedel/Bassermann Verlag 77, 78; Landesvereinigung der Bayrischen Milchwirtschaft: 90; Leser/Falken Verlag: 93; Maike Jessen/Südwest Verlag 85; mauritius images: 31; Mondamin: 79; Ostmann: 60; Photocuisine: 63, 65, 67; Politt/Südwest Verlag 56; Rama: 64, 81, 88, 91; shutterstock. com: yuris 33 l., Larry Korb 36 l.; StockFood: 11, 16, 50, 61, 62, 69, 82, 83, 84, 86; SweetFamily: 51, 52, 57, 58, 73, 75; Urban/Südwest Verlag 80; Wikipedia: David Monniaux 48 r.